決定版

一番よくわかる

野球スコアのつけ方

オールカラー

手束 仁

西東社

スコアブックのつけ方を学ぶ 皆様へ

　スコアブックの記録は、野球部のマネージャーやスコアラーには必要不可欠な仕事です。また、少年野球などでスコアラーの役目を任された保護者、草野球で自分のチームをなんとか強くしたいと思っている選手、さらにはスコアをつけながら野球観戦したいと思っている野球ファンもいるかもしれません。

　しかしスコアブックの記入は「何だかむずかしそう…」「記号をおぼえるのが大変そう…」と、尻込みしてしまう人が多いのではないでしょうか。

　でも、最初からあきらめる必要はまったくありません。基本的な記号とルールをおぼえてしまえば、スコアブックを記入するのは簡単なのです。もちろん、そこからさらに工夫して詳しく記入していけば、スコアブックを開くだけでその試合がまざまざと脳裏に浮かぶようなスコアを書けるようになるはずです。

　また、スコアブックは記入して終わりではありません。実はここからが本番で、記録を集計、整理したり、試合の流れなどを読み込んでいくことで、そこから何を見出せるかが、スコアブックの醍醐味になっています。これは、相手チームの研究と同時に、自分のチームの実力を再認識する作業にもなるのです。

　本書には、スコアブックの基礎知識から記入のしかた、また実際にあった名試合のスコアを使い、記入後の読み方のコツを解説しています。さらには記録を整理・分析する方法も紹介していきます。

　野球を楽しむために、そして強くなるために、ペンを片手に、ぜひスコアブックを記入してみてください！

特典　スコアシートダウンロードサービス

購入特典として、本書折込裏面の練習用スコアシートを無料でダウロードしてご利用いただけます。パソコンでこのページの下のURLにアクセスし、ダウンロードしてご利用ください。

※ダウンロードできるのは圧縮されたファイルです。ダウンロード後、解凍してください。
※ファイルはPDF形式です。
※ご使用の機器やインターネット環境等によっては、ダウンロードができない場合があります。
※本特典は、告知なく配布を中止する場合があります。

ダウンロードURL：http://www.seitosha.co.jp/score/score.html

Contents — もくじ

PART 1 スコアブックの基礎知識

- chapter 1 スコアブックとは何か ……… 10
- 2 スコアブックの意味と役割 ……… 12
- 3 スコアブックの活用 ……… 14
- 4 ポジションの表記 ……… 16
- 5 3と3の倍数で整理する ……… 18
- 6 表記全体のルール ……… 20
- 7 ボールカウントと選手交代 ……… 22

COLUMN
先乗りスコアラーのスカウティングという作業 ……… 24

スコアブックを実際に記入する

chapter		
1	スコアブックをつける準備	26
2	先発メンバーの記入と確認事項	28
3	打者アウトのケース①	30
4	打者アウトのケース②	32
5	打者出塁のケース①	34
6	打者出塁のケース②	36
7	進塁と得点、残塁のケース	38
8	盗塁とランダウンプレー	40
9	ボークや妨害、振り逃げ	42
10	トリプルプレーや変則守備	44
11	サヨナラヒット、アピールアウト	46

COLUMN
公式記録として役立つ高野連のスコア統一表記 ……… 48

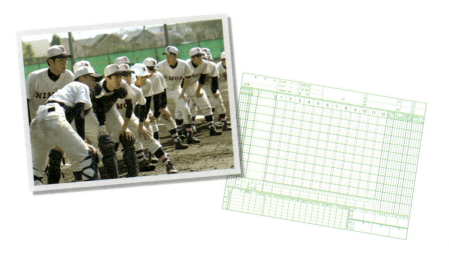

試合を追って記録する

chapter	1	先攻チームスコア全図	50
	2	後攻チームスコア全図	52
	3	1回表と裏の解説	54
	4	2回表と裏の解説	56
	5	3回表と裏の解説	58
	6	4回表と裏の解説	60
	7	5回表と裏の解説	62
	8	6回表と裏の解説	64
	9	7回表と裏の解説	66
	10	8回表と裏の解説	68
	11	9回表と裏の解説	70
	12	記入方法を工夫する	72
	13	目的によって記入方法を変える	74

COLUMN
スポーツ記者たちのスコアブック記入法 ……… 76

スコアブックを読み込む

chapter		
1	ボールカウントを読む	78
2	打球の傾向を読む	80
3	ほかのデータと合わせて読む	82
4	試合中にスコアを活かす	84
5	試合の流れを読む	86

- 2009年WBC決勝
「日本 対 韓国」……… 88

- SMBC日本シリーズ2016 第3戦
「広島東洋カープ 対 北海道日本ハムファイターズ」……… 94

- 2013年ワールドシリーズ第6戦
「カージナルス 対 レッドソックス」……… 102

- 2013年WBC二次ラウンド
「日本 対 台湾」……… 110

- 1998年夏の甲子園準々決勝
「横浜 対 PL学園」……… 114

- 2017年WBC準決勝
「アメリカ 対 日本」……… 92

- コナミ日本シリーズ2013 第7戦
「読売ジャイアンツ 対 東北楽天ゴールデンイーグルス」……… 98

- SMBC日本シリーズ2014 第4戦
「阪神タイガース 対 福岡ソフトバンクホークス」……… 106

- SMBC日本シリーズ2015 第1戦
「東京ヤクルトスワローズ 対 福岡ソフトバンクホークス」……… 112

- 2017年夏の甲子園第1回戦
「広陵 対 中京大中京」……… 118

COLUMN
スコアブックもパソコンでデジタル化 ……… 122

PART 5 スコアブックの記録を整理する

chapter		
1	公式記録と記録の整理	124
2	勝利投手と敗戦投手の条件	126
3	セーブとホールドの条件	128
4	犠打と打点の記録	130
5	勝率と打率の計算	132
6	長打率と出塁率の計算	134
7	防御率と守備率の計算	136
8	セイバーメトリクスで攻撃分析	138
9	セイバーメトリクスで投手分析	140
10	インサイドワークを分析する	142

PART 1

スコアブックの
基礎知識

スコアブックとはどういうものか、その意味と役割を紹介します。そして最初にマスターしておくべき、スコアブックの基本的なルールをおぼえましょう。

Chapter 1 スコアブックとは何か

19世紀にアメリカで考案されたもの

　スコアブックとは、試合の進行にともなって記録員がその試合を記録する紙のこと、もしくはその記録のことをいいます。その歴史は、19世紀のアメリカでヘンリー・チャドウィックという人物が、野球の試合を記録するために**プレーを記号化**していくことを考え出したのが、発祥といわれています。

　スコアブックをつける最大の目的は、試合を頭で**「記憶」**するのではなく、紙に**「記録」**として残すことです。そして、その記録を振り返りながら試合を**反省**したり、**分析**したりするのです。プレーを記号化するのは、チーム内や誰が見ても**いつでも理解できる**ようにするためなのです。

スコアブックは試合を紙に「記録」するもの

スコアブックの記録のしかたに絶対のきまりはない。ただし、一般的な記号を用いることで、多くの人がひと目で理解できるようにすることが大切だ。

誰でも理解できるように書こう！

使用目的にともなって記入形式も変化

　当初、日本でのスコアブックのつけ方は**「早稲田式」**と**「慶応式」**というスタイルがありました。これは、日本野球の普及の歴史にも関係しているのですが、明治時代中期に早稲田大学と慶応大学の野球部が競い合ってチームを強化していく際に、それぞれのチームで試合を記録していったのです。

　その形式は、**お互い相手に知られないように**という目的もあり、記録の仕方がやや異なっていました。しかし、野球の指導者や野球新聞などの報道関係者に早稲田出身者が多かったことから、結果として**早稲田式がベース**となって普及していきました。これが今日、一般に伝えられている記述形式の背景です。

慶応式

一般には使われていないが、プロ野球の公式記録はこちらを採用している。早稲田式よりも記号化、簡素化されているのが特徴。

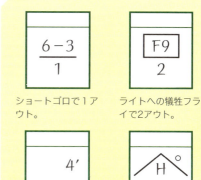

ショートゴロで1アウト。

ライトへの犠牲フライで2アウト。

セカンドゴロエラーで出塁。

ライトオーバーのホームラン。

早稲田式

マス目の中央にダイヤモンドがあり、初心者にはなじみやすいため、本書ではこちらの方式を基本に紹介する。

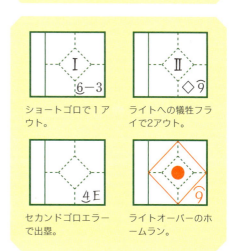

ショートゴロで1アウト。

ライトへの犠牲フライで2アウト。

セカンドゴロエラーで出塁。

ライトオーバーのホームラン。

Chapter 2 スコアブックの意味と役割

マネージャーやスコアラーがおもに記録する

　スコアブックをつけるのは、おもにチームの**マネージャー**あるいは**スコアラー**とよばれる人です。スコアをつける人は試合中、監督のそばにいて、随時試合の進行を監督がわかるようにしています。監督は、スコアブックを参考にしながら、**選手交代や采配**を考えていくのです。
　一般の人でもスタンドやテレビ観戦しながらスコアブックをつける人は多くいます。記録をすれば、応援しているピッチャーが好投したと満足するだけでなく、いくつ三振を取ったか集計したり、ゴロアウトとフライアウトの割合を分析するなど野球をさらに楽しめるようになります。

監督のそばで記録する

スコアブックをつけるマネージャーやスコアラーは、基本的に監督の隣で記録することで、采配の手助けをする。

試合記録の整理としてのスコアブック

スコアブックには、あらゆる情報がつまっている。試合を記録するだけでなく、その情報をいかに収集、分析するかによって情報の重みが変化するのだ。

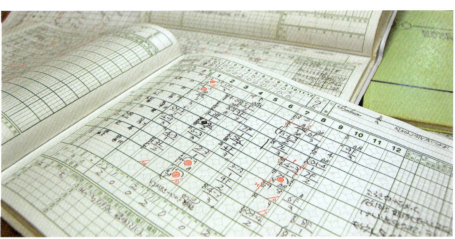

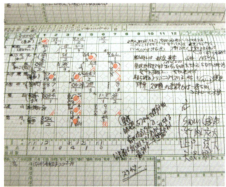

年間何試合も見ていると、スコアブックのページを開くことで、その試合を思い出すこともできる。スコアブックの行間には、観戦者の記憶や考えも刻み込まれているのだ。

POINT データ野球

近年は、プロ野球だけでなく、アマチュア野球の世界でもデータ（情報）が重んじられ、統計学的に選手を評価したり、チーム戦略を立てる野球として広く知れ渡っています。そのデータ分析に欠かせないのがスコアブックです。いかにスコアブックを活用できるかが、チームの勝敗を分けることになるといっても過言ではないでしょう。

Chapter 3 スコアブックの活用

試合の流れを読んで選手起用に役立てる

　スコアブックの最大の目的は、試合を記録することです。野球の試合では1回からゲームセットまでの間に、さまざまなことが起こります。そしてそこには、必ず試合の**「流れ」**というものがあります。スコアブックをつけておけば、その「流れ」を確実に読み取ることができるのです。

　試合中でも、監督がスコアブックで**試合展開を確認**しながら、自分のチームや相手チームの**戦力の分析**をして**選手起用**や**交代**を考えるということがあります。また、チャンスやピンチ時にどんな指示を与えるかの参考にもなります。正確なスコアブックがチームを救うことは、よくあることなのです。

試合前の準備として活用する

戦力分析という点から、対戦チームの投手力や守備力、大会を通してあたっている選手、足に注意すべき選手など、注目すべき点はいくつもある。

攻撃力分析

主力打者・足が速い選手をチェック。

守備力分析

肩の強さなど選手の守備力をチェック。

投手力分析

どんな投手がいるかをチェック。

チーム力分析

作戦の傾向を知っておく。

試合中の起用法で活用する

「レフト多田に代わって奥山、背番号13」

試合中にもスコアブックをつけていくことで、相手の作戦の傾向を読むことができる。また、スコアブックを使った戦力分析は、ここぞというときの作戦に、裏づけのある自信を与えてくれる。

PART 1　スコアブックの活用

ミーティングで活用する

ほとんどのチームでは、試合後すぐにミーティングが行われている。スコアブックの記録から、試合そのものを振り返っていくことで、チーム全体の共通意識を養うことができるからだ。

「今日の試合は…………」

スコアラーが活躍

スコアブック活用術

アマチュア野球でも、大会中に、次の対戦相手の研究のため、スコアラーが試合に出向いて情報収集を行っていることが多いようです。そこから相手チームの作戦の傾向、バッテリーの配球やバッターの特徴などを調べます。スコアラーは、スコアブックを記録するだけでなく、試合で得た情報から分析をし、的確に選手に伝える役割も担っているのです。

Chapter 4 ポジションの表記

9つのポジションを数字で表す

実際にスコアブックの記入を始める前に、必ずマスターしておくべきことがあります。スコアブックでは、**プレーを記号化**していくので、記号化するための決まりごとがあります。それを理解しておくことが必要なのです。

最初におぼえたいことは、**ポジションを数字で表す**ことです。野球には9つのポジションがありますが、それを1から9までの算用数字で表記します。1から投手、2は捕手、3〜6は内野手でファースト・セカンド・サード・ショートの順。7〜9は外野手でレフト・センター・ライトの順になります。

ポジションの表記

ポジションの表記には、数字、英語、漢字などさまざまな形式がある。

数字	英語	漢字	カタカナ	単漢字
1	P	投手	ピッチャー	投
2	C	捕手	キャッチャー	捕
3	1B	一塁手	ファースト	一
4	2B	二塁手	セカンド	二
5	3B	三塁手	サード	三
6	SS	遊撃手	ショート	遊
7	LF	左翼手	レフト	左
8	CF	中堅手	センター	中
9	RF	右翼手	ライト	右

D	DH	指名打者	デジグネイティッドヒッター	指
H	PH	代打	ピンチヒッター	打
R	PR	代走	ピンチランナー	走

ダイヤモンド上でポジションの確認をする

ポジションの表記は、ダイヤモンドをイメージするとおぼえやすい。

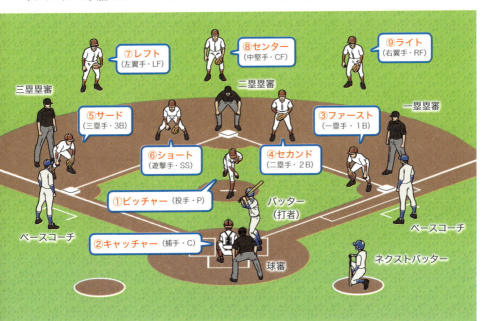

スコアブック活用術

いろいろな表記をおぼえておこう

野球場のスコアボードでは、名前の横にポジションが算用数字で表記されていることが多いようですが、新聞などで用いられている「テーブルスコア」では、(投)、(捕)、(一)、(左)といったように漢字表記の記載も見られます。また、アメリカでは、P（ピッチャー）、C（キャッチャー）、2B（セカンドベースマン）、LF（レフトフィールダー）などというように英語の頭文字を取った表記がされています。

大坂東		打	安	点
右)	金　田	4	1	0
二)	高　橋	3	0	0
一)	小　坂	4	1	0
捕)	西　村	4	1	1
中)	大　林	3	1	1
三)	赤　坂	4	1	0
投)	多　田	4	0	0
左)	岸	4	2	0
遊)	鎌　田	1	0	0
犠	四	振	盗	残	・	・	・
3	1	0	0	6	31	7	2

本塁打＝
三塁打＝　　　　　失策
二塁打＝西村、小坂、岸

投手	回	/3	安	責
多　田	9	0	4	0

東京南		打	安	点
遊)	山　崎	3	0	0
打)	戸　田	1	0	0
捕)	星　野	4	1	0
右)	本　間	3	1	0
左)	大　島	4	0	0
中)	金　城	3	0	0
一)	萩　原	2	0	0
三)	福　田	3	0	0
二)	佐　藤	3	2	0
投)	杉　崎	2	0	0
犠	四	振	盗	残	・	・	・
2	1	5	0	4	28	4	0

本塁打＝
三塁打＝　　　　　失策
二塁打＝

投手	回	/3	安	責
杉　崎	9	0	7	2

新聞などで使われるテーブルスコアの例。

Chapter 5 3と3の倍数で整理する

野球という競技の特徴を知っておく

　スコアブックは、試合の進行を追って記録していくため、野球の**基本的なルール**を知っておかなくてはいけません。もちろん、細かいルールを知っておくに越したことはありませんが、一般的にスコアをつけていく場合、基本的なルールさえわかれば不自由することはないでしょう。

　ただ、野球はさまざまなことが起きる競技です。試合は待ってくれませんし、めったに起きないケースこそ記録しておくためのスコアブックだけに、**すばやく正確に記入していくコツ**を心得ておくと、何かと便利です。ここでは、野球の特徴である**数字の3と、3の倍数**に注目して説明します。

3つのアウトで攻守交代

フィールドに出る競技者が1チーム9人で、3つのアウトごとに攻守交代する。この攻守交代を9回行って合計得点を争う競技が野球なのだ。

3イニングごとに整理する

1試合9イニングと考えると、3イニングごとに整理していけば、スコアを見つめていくうえで大きなヒントになる。特にベンチのスコアラーは、3イニングごとの区切り、打順の区切りを意識して監督の指示のアシストを行おう。

守備側は3の数字を超されないように意識する

本塁（4つ目の塁）に到達される前に3つのアウトを取れば得点されずにチェンジ。また、ボールが4つになるまでにストライクを3つ取れば進塁されずに1アウト。

3の数字がキーポイントの防御率と打率

バッターは10回打席に入って3回安打、つまり打率3割が一流の証とされている。また、ピッチャーは9イニング投げて3点以上失点しない、つまり防御率3点以下を目指す。

POINT 今の打者が誰なのかをつねに確認する

試合を追いながらスコアブックをつけていくことになりますが、何かの拍子で誤記や見落としが生じるケースがあります。そんなときでも、試合は待ってくれず、どんどんと進行していきます。

スコアをつけるときのポイントは、つねに今の打者が誰なのかということを確認することです。そうすればあとから間違いに気づいても、現在の打者からさかのぼって記入していくことができるはずです。

Chapter 6 表記全体のルール

投手対打者の記録を連続してつけていく

　スコアブックをつける基本は、プレーを数字と記号で記録するということなので、記入に際しては**一定のルール**が必要になります。

　スコアブックの記入の流れは、**投手対打者**の対戦の結果が基本になります。そして、打者がアウトになるか、出塁した場合に、投手と次の打者との対戦に移るのです。スコアブックの**縦の欄は選手名**、**横の欄はイニング**の軸になります。また、出塁して走者となった選手の結果など、記入方法の詳細は後ほど解説（⇒パート2）しますが、まずはスコアブックの大部分を占めるマス目**（スコアカード）**の役割をおぼえましょう。

スコアカードの意味

スコアカードのマス目はダイヤモンドの形になっていて、それぞれのスペースには塁間で起きたプレーを記入する。また、ダイヤモンドの中央にはアウトカウントや得点、左側の縦の部分にはボールカウントを記入する。

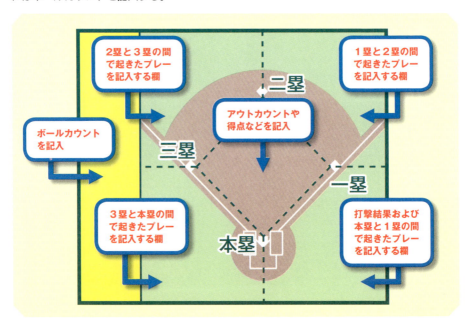

スコアブックのおもな記入欄

アウトとエラーの集計
試合後、選手ごとにアウトになった種類やエラーなどを集計して記入する。

打撃と個人記録の集計（→P130〜135）
試合後、それぞれの選手の記録を集計して記入する。打撃の個人記録を算出するベースになる欄。

打撃と走塁の記録（→P30〜47）
スコアカードが縦横に並んだスコアブックのメインともいえる記入欄。打撃と走塁のほかに、得点や残塁など、試合の結果がここにすべて集約される。

試合の状況（→P26）
スコアブックのタイトルともいえ、試合日や会場名、対戦相手やグラウンド状態などを記入する。

PART 1　表記全体のルール

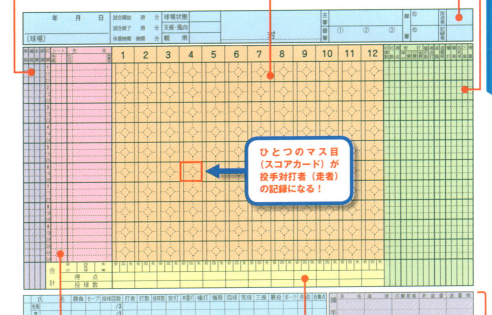

ひとつのマス目（スコアカード）が投手対打者（走者）の記録になる！

選手名と守備位置（→P28）
打順ごとに選手名や守備位置などを記入する。ひとつの打順に3段の枠があるので、交代の場合は下に続けて記入していく。

捕手の記録と長打
盗塁を阻止した数などを記入する捕手の個人記録ともいえる欄と、長打を放った選手名がひと目でわかるようにした記入欄。

投手の個人記録の集計（→P126〜129・136）
投手の投球イニングや球数、被安打数など記録を集計して記入する。投手の防御率などの個人記録を算出するベースになる欄。

イニングの集計
イニングごとの安打数や四球、失策数を記入し、得点と相手ピッチャーの球数を記入する。

Chapter 7 ボールカウントと選手交代

ボールカウント記号と選手交代の記入のしかた

　ボールカウントの記入は、スコアカードの**マス目の左側の細い欄**になります。投手がその打者に対して投じたボール（ストライク、ボール、ファウルなど）を上から順に記入していき、ヒットやアウトなど、その打者の結果が出た時点で記入は終了します。ボールカウントの記号は、絶対にこの記号というものはありませんが、**一般的なもの**を紹介しておきます。

　また、野球では交代した選手は再出場できません。選手交代については、選手起用の確認にもなるので間違いなく正確に記入しておく必要があります。**代打**や**代走**、**ピッチャー**や**守備の交代**などの記入方法をおぼえましょう。

ボールカウントの記入

記入方法そのものには多少の差異があるが、一般的にはほとんど一定のルールが守られている。そうすることで、記録者だけでなく、より多くの人にわかりやすいものになる。

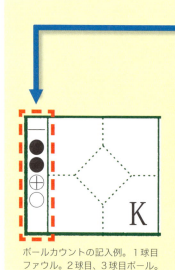

ボールカウントの記入例。1球目ファウル。2球目、3球目ボール。4球目空振りストライク。5球目見逃しストライクで三振（K）。

- ○ ………… 見逃しストライク
- ⊕ ………… 空振りストライク
- ● ………… ボール
- ― または V …… ファウル
- △ または ▽ …… バントファウル
- ◎ または ⊙ …… バント空振り
- × または レ …… けん制球が起きたときのタイミング

代打や代走、ピッチャーや守備の交代

代打や守備の交代にも、それぞれ記入するときのルールがある。

【代打】

6	7		右	吉田
16	PH	7	右	佐々木
26				

ポジション枠の下の空欄に「PH (Pinch Hitter の略)」と記入し、選手枠の下の空欄に代打に入った「佐々木」の名前を記入する。

【代走】

8	4		右	小野
18	PR	4	右	桜木
28				

ポジション枠の下の空欄に「PR (Pinch Runner の略)」と記入し、選手枠の下の空欄に代走に入った「桜木」の名前を記入する。

【ピッチャー交代】

3	1		右	香川
13	1		左	藤本
23				

選手枠の下の欄に救援した「藤本」の名前を記入する。ピッチャーの番号「1」もポジション枠に記入。

【守備の交代】

4	3	1	左	坂田
14				
24				
5	1	3	右	後藤
15				
25				

単なる守備交代のときの表記はピッチャー交代と同じ。図は、ファーストの「坂田」と先発ピッチャーの「後藤」が守備を交代したことを表す。

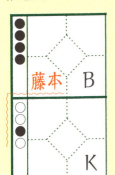

このケースは、「香川」が四球を与えたところで次の打者から「藤本」に代わったことを表す。

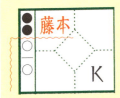

相手チームのスコアにも、どこから交代したのか明確になるように赤ペンの波線で名前を記入しておく。図は、「香川」が2球投げたところで「藤本」に代わったことを表す。

POINT

2020年度からの新ルール ピッチャーの球数制限に注意！

高校野球では、2020年度から、球数制限ルールが設けられました。これは、投手の肩や肘の負担を緩和するという目的で、「1週間で1人の投手の球数が500球を超えないものとする」ということです。それに伴って、少年野球や学童野球でも球数に関してのルールがそれぞれの大会などで決められています。こうした、今の時代の流れを踏まえて球数に関して今後は、十分に意識していく必要があるといえます。イニングごとに集計しておくとわかりやすいでしょう。

COLUMN

先乗りスコアラーの スカウティングという作業

　スコアラーには、自分たちのチームの試合を記録するだけでなく、スカウティング（scouting）という重要な役目があります。野球でスカウト（scout）というと、有望選手を求めて各地を回っている人を思い浮かべる人が多いでしょうが、この言葉にはもうひとつ「偵察（兵）」という意味もあるのです。

　スカウティングとは、まさに「相手を偵察する行為」です。特に、プロ野球の球団ではスコアをつける専門家がかならずいて、次に当たる相手についての事前情報を得るため、相手チームの試合を偵察します。こうした人物を「先乗りスコアラー」とよびます。

　先乗りスコアラーは、単に偵察するチームの試合の進行をスコアブックに記入していくだけではありません。相手投手の「球種や配球の傾向」を見極め、打者についても「得意なコースや苦手なコース」、「打球方向」などを記録しておくのです。

　さらにそのデータを上手に活用できるように、ミーティングなどで選手に伝えていくことも先乗りスコアラーの仕事です。近年はプロ野球に限らず、アマチュア野球でもデータを重んじる野球が尊ばれています。そういう意味でも、スコアラーの果たす役割は日増しに大きくなっているといえるでしょう。

データ野球は、プロ野球だけでなく強豪の中学、高校野球にまで浸透し、先乗りスコアラーが活躍している。

PART 2

スコアブックを実際に記入する

野球の試合はさまざまなプレーの連続で進行していきます。投手対打者、走者の記録をベースにして、特殊なプレーなどの記録方法をおぼえましょう。

Chapter 1 スコアブックをつける準備

試合開始前にしておくべきこと

　いよいよ試合が始まるというときには、スコアブックをつける準備をしましょう。スコアブックを記入するために、**試合開始前に準備**しておくことがいろいろあるのです。
　通常スコアブックの上部には、スコアブックのタイトルとも言える枠があり、どのチームとの試合なのかという**対戦相手**の記入から始まって、**会場（グラウンド）**や**大会名**の記入などをする欄があります。また、その日の**天候**や**グラウンド状態**、**審判員**の氏名も確認し、よく準備しておくことが必要です。事前にわかることをすべて書き終えたら、**記録者**である自分の名前も記入しておきましょう。

スコアブックの上記に記入すること

スコアブックの上部に記入する欄は、大会名や対戦相手など、スコアブックのタイトルとも言え、試合開始前に書き終えておくことが必要になる。

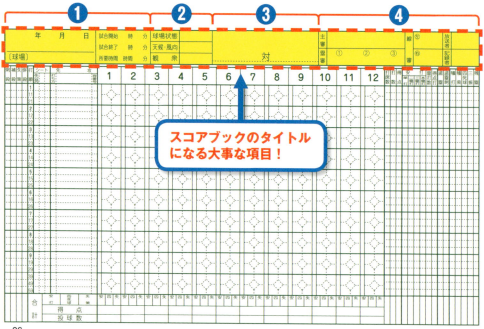

スコアブックのタイトルになる大事な項目！

① 試合日と会場名

20××年 4月 8日	試合開始　時　分
〔球場〕関東第一グラウンド	試合終了　時　分
	所要時間 時間　分

試合日と球場（グラウンド）名は最初に記入すべき欄。試合開始・終了時間も進行に合わせて記入すること。

② 球場状態と天候や風向き

天候とグラウンド状態を記入する。例えば「雨あがりやや重い」「乾燥して硬い」などと記入しておくとわかりやすい。普通の状態のときは「良好」とする。

球場状態	良好
天候・風向	晴・南
観衆	—

③ 対戦相手と大会名

交流試合第2戦
関西第一　対　関東第二

対戦相手を記入する。基本的には見開きで見るスコアブックのタイトルとも言える部分になる。

④ 審判員名

主審	園田	線審	左 —	放送者	—
塁審	①谷 ②川上 ③林		右 —	記録者	本田

審判員名の確認もすること。試合の記入の上では必要な要素。

Chapter 2 先発メンバーの記入と確認事項

メンバー表交換のときに選手名を確認する

　試合日や対戦チーム名、天候など、事前に記入して準備ができたら、**先発メンバー**の発表を待ちます。先発メンバーの記入はスコアブックを記入していくうえでとても重要なことです。野球は団体競技ですが、**投手と打者という個人と個人の対戦が連続していくこと**が基本となっています。それだけに、誰が何をしたのかということは非常に大事な要素となります。
　スコアボード掲示がある場合は、そこで**選手名**を確認することができます。しかし、学校のグラウンドなどでは発表されない場合が多いので、メンバー交換の際に選手名をしっかり確認しておきましょう。

メンバー表交換の確認

練習試合では、試合開始の直前にメンバー表の交換があるが、高校野球大会などでは、前の試合の5回、もしくは7回終了時に審判員立ち会いのもとで本部席で行われる。そのときになって慌てないように、大会名など、事前に記入できることはすべて記入しておくこと。

じゃんけんぽん！

メンバー表交換のときに、審査員の前で両チームの主将がじゃんけんをして、先攻か後攻を決めることが多い。

先発メンバーの記入

先発メンバーがわかったら、すぐにスコアブックに記入するようにしよう。

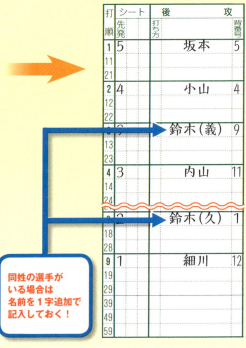

メンバー表は、3枚1組になっていて、一番上の紙を自分のチームで保管、残りの2枚を球審と相手チームに渡すようになっている。

同姓の選手がいる場合は名前を1字追加で記入しておく！

メンバー表の交換やアナウンスによるメンバー発表がされたら、すぐに打順にしたがって選手名やポジションを記入する。

DH制の場合

大会によってはDH制（指名打者制度）をとっている場合がある。その場合は先発出場者が10人ということになる。ほとんどのスコアブックには、9番打者の下にもうひとつ10番目の記入欄があるのはそのためだ。

DHの記入例。指名打者「太田」が8番に入ったので、10番目の記入欄にピッチャー「長内」を記入。

Chapter 3 打者アウトのケース①

誰がどこに何を打ったのかを記録するのが基本

　先発メンバーの記入を終えたら、あとは球審のプレーボールの声を待つだけです。試合が開始されたら、まず**投手と打者の動き**に注目しましょう。
　ここからは、試合を追いながらスコアブックを記入していくうえで、基本となる記入の方法を解説します。スコアブックのマス目の一つひとつに打撃の結果を記入していくわけですが、**「打球の方向」**はポジションを表す数字（➡P16）を使います。そして、ここでおぼえてほしいことが**「打球の種類」**で、**ゴロと飛球（フライとライナー）**の表記です。このポジション数字と打球の記号の組み合わせが基本となるのです。

打球の種類

打球の種類は基本的にゴロと飛球（フライとライナー）で、記号は打球の動きに似たものになっている。

【ゴロの表記】

ゴロ

試合の中で最も多いのがゴロアウト。捕球した選手と送球先のポジションを表す数字の間に「-」を記入してボールの動きを表す。省略することも多い。

【フライ・ライナーの表記】

フライ　　ライナー

飛球アウトには山なりのフライと真っすぐの打球のライナーがある。野手がジャンプして捕球した打球の場合はライナーと判断していい。

内野ゴロ・飛球アウト

打球の記号と、打球の方向を示すポジション数字の組み合わせで表す。

【内野ゴロアウト】

サードがゴロを捕球「5」。そこから一塁へ送球「-3」して1アウト「Ⅰ」。

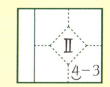
セカンドがゴロを捕球「4」。そこから一塁へ送球「-3」して2アウト「Ⅱ」。

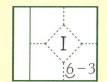
ショートがゴロを捕球「6」。そこから一塁へ送球「-3」して1アウト「Ⅰ」。

【飛球アウト】

センターがフライ捕球「8̂」して2アウト「Ⅱ」。

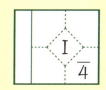
セカンドがライナー捕球「4̄」して1アウト「Ⅰ」。

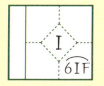
ショート「6」へのインフィールドフライ「IF」で1アウト「Ⅰ」。

ファーストファウルフライ「3F̂」（もしくは「3̂」）。ポジション数字の上に「・」もしくは横に「F」を記入。

三振アウト

三振は基本的に「K」で表す。三振を多くとるピッチャーを「ドクターK」とよぶのはこのため。

「K」の記号で三振を表す。見逃し三振のときのみ「K」で表記することもある。

見逃し三振と区別するために、スイングアウトを「SK」で表記することもある。

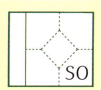
「Struck Out」の英語の頭文字を取って「SO」で表記することもある。

Chapter 4 打者アウトのケース②

打者アウトにはさまざまなケースがある

　打者がアウトになるケースは、**ゴロ**や**飛球**だけではありません。2人の選手が同時にアウトになる**ダブルプレー（併殺）**や、塁上にいる走者を進塁させるための**犠打（犠牲バントと犠牲フライ）**などでのアウトの表記もおぼえておきましょう。

　また、打者が打ったことで、塁上にいる走者が次の塁へ進まなければならない（進塁義務がある）とき、ボールを持った選手もしくは送球を受けた選手が「ベース」を踏んで自動的にアウトにすることを**フォースアウト**、ボールを持った選手が「走者」に触れてアウトにすることを**タッチアウト**といいます。この両方のケースの記入も重要なポイントになります。

フォースアウトとタッチアウト

ボールを持った選手がベースを踏むことで自動的にアウトになるプレーが「フォースアウト」。ボールを持った選手が走者に直接触れてアウトにすることが「タッチアウト」になる。

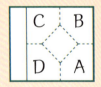
【ベースの表記の仕方】
スコアカード四隅に、一塁から本塁までのベースをA、B、C、Dで表記する。

【タッチアウト】
サードがゴロを捕球し、飛び出した三塁ランナーに触れてタッチアウト「T」。

【フォースアウト】

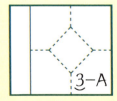
ファーストがゴロを捕球してみずから一塁ベース「A」を踏んでフォースアウト。

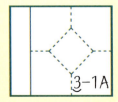
ファーストがゴロを捕球。ベースカバーに入ったピッチャーに送球「1A」してフォースアウト。

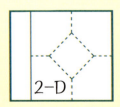
満塁でキャッチャーが前に落ちた打球を拾い、本塁ベース「D」を踏んでフォースアウト。

ダブルプレー（併殺）アウト

ダブルプレーは、同時に2人の選手がアウトになるので、アウトになった2人の選手のマス目を「{」でつなげる。

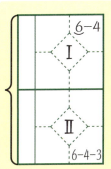 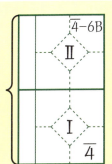 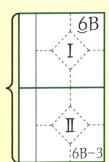 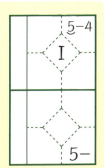

ショートがゴロを捕球してセカンド（二塁ベース）へ送球で1アウト。さらにセカンドが一塁へ送球してダブルプレー。

セカンドがライナーを捕球し1アウト。すぐにショート（二塁ベース）へ送球し、飛び出した二塁ランナーを刺してダブルプレー。

ショートがゴロを捕球してそのまま二塁ベースを踏んで1アウト。そこから一塁へ送球してダブルプレー。

ゴロを捕球したサードがセカンドへ送球して1アウト。打者走者は一塁へ生きてダブルプレー崩れ。

犠打

犠牲バントや犠牲フライは、通常記入の前に「◇」の記号を記入するか、プレーの数字や記号をすべて四角「☐」で囲むかして表記すること。

【犠牲バント】

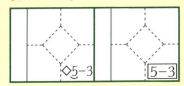

サードへの犠牲バント成功。

【犠牲フライ】

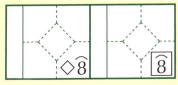

センターへの犠牲フライ成功。

【犠打失敗】

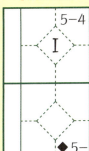

犠打失敗の場合は黒塗りの「◆」で表記する。図は、サード犠牲バント失敗で一塁ランナーアウト。打者走者は一塁へ。

Chapter 5 打者出塁のケース①

出塁するケースで最初に覚えたい安打の記入

　打者が出塁するケースは、**安打(ヒット)** か **四死球(フォアボールとデッドボール)**、相手野手の **失策(エラー)** が一般的ですが、まず安打の記入方法から覚えていきましょう。

　安打の記入は、打者アウト(➡P30〜33)と同じように、ポジションの数字で **「打球方向」** を表し、それに **「打球の種類」** を表す記号との組み合わせになりますが、野手の間を抜いたり、越えたりするぶん、アウトのときより記号が多くなります。また、打者がどの塁まで進塁したか、**線を引く** ことで表しますが、**赤ペン** で記入するといいでしょう。そうすれば、**四死球の進塁などと区別** できてひと目で安打がわかるようになります。

安打の打球方向と種類

打者アウトと同じく、打球方向を表すポジションの数字と打球の種類を表す記号との組み合わせで表す。

【ゴロのヒット】

⑧
センター前にゴロで抜けた打球。

【フライのヒット】

⌒78
左中間を破る当たりの飛球。

⌒8
センター越え(オーバー)の飛球。

【ライナーのヒット】

‾4
セカンド越えのライナー。

‾3
ファーストの足元を抜いたライナー。

【外野線へのヒット】

レフト線への打球。

【内野安打】

ショートへの打球での内野安打。

【内野間のヒット】

三遊間をゴロで抜いた打球。

さまざまな安打の記入例

出塁に関しては、すべてを黒ペンで記入してもよいが、ヒットを赤ペンで記入すると、四死球の出塁と区別がしやすく集計しやすいので、一般的にこの方法が採用されている。

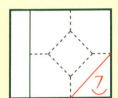

レフト前へのシングルヒット。

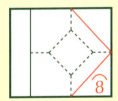

センターオーバーの二塁打。

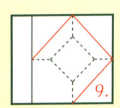

ライト線への三塁打。

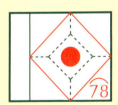

左中間スタンド入りの本塁打。「●」で得点。

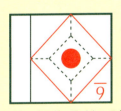

ライトスタンドへライナーで本塁打。

右中間を破るランニング本塁打「R」。

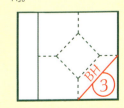

サードへの内野安打(線と数字を囲む)。

ファーストへのバントヒット「BH」。

Chapter 6 打者出塁のケース②

安打以外の打者出塁の記入を覚える

　安打（ヒット）以外での出塁といえば、**四死球（フォアボールとデッドボール）**がまず思い浮かぶでしょう。つづいて相手野手の**失策（エラー）**でも出塁はできます。この中でも**四球**には、通常の四球や**敬遠四球**、失策には**野手の捕球エラー**や、**捕球者の送球ミス、送球を受ける選手の捕球エラー**など、区別して記入すべきさまざまな記号があります。

　また、それほどひんぱんには起きませんが、**振り逃げ**や**打撃妨害**、野手が送球先を誤った**野手選択（フィルダース・チョイス）**などもあります。このようなケースの記号は、早い段階でマスターしておいてください。

四死球（フォアボールとデッドボール）

安打以外の出塁としては、四死球の確率がもっとも高い。四死球から得点に絡むケースは多いので、しっかりと記入しておくこと。

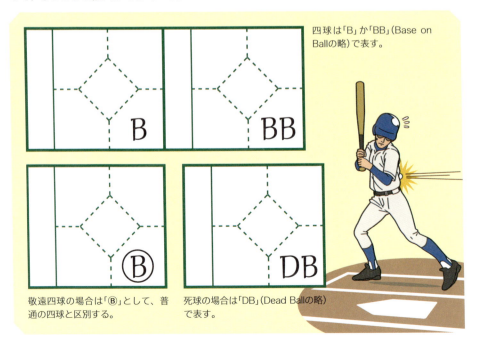

四球は「B」か「BB」（Base on Ballの略）で表す。

敬遠四球の場合は「Ⓑ」として、普通の四球と区別する。

死球の場合は「DB」（Dead Ballの略）で表す。

失策(エラー)

失策(エラー)は、大きく分けて「野手の捕球エラー」「捕球者の悪送球」「送球を受ける選手の捕球エラー」の3つになる。どの選手がどういう失策をしたのかわかるように「E」の位置に注意すること。

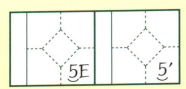

サードがゴロ捕球エラーの場合は、ゴロ記号と「5E」(Errorの略)もしくは「5´」と記入する。

「E」の手前についた数字がエラーした選手！

ショートがゴロ捕球してファーストへ送球し、ファーストが捕球エラーの場合は「6-3E」と記入。

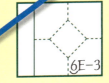

ショートがゴロ捕球してファーストへの送球エラーの場合は「6E-3」と記入。

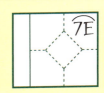

レフトがフライをエラーし、走者が二塁まで進んだ場合は、二塁の欄にフライ記号と「7E」もしくは「7´」と記入。

その他のケース

四死球、失策以外で打者が出塁することもあるのでおぼえておくこと。

【サードが送球ミス】

「5FC」(Fielder's Choiceの略)と記入。

【振り逃げ成功】

三振記号の「K」を逆にした「⋊」と記入する。

【キャッチャーの打撃妨害】

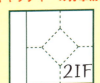

「2IF」(Interferenceの略)と記入する。

スコアブック活用術

送球ミスの傾向を知る

サードがファーストへの送球ミスの記入の場合、通常は「5E-3」となりますが、送球が高く逸れたのか、低くなったのかまで記入しておけば、あとから見てその選手の送球ミスの傾向を知ることができます。そうした反省の材料は詳しければ詳しいほど役に立つでしょう。

送球が高い！

送球が高く逸れたことを表す矢印を記入。

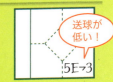

送球が低い！

送球が低くなったことを表す矢印を記入。

Chapter 7 進塁と得点、残塁のケース

得点に至るプロセスをしっかりと記入する

　野球は得点を争うゲームです。それだけに、**ホームイン**はスコアブックを記入するうえで、一番重要な要素といえるでしょう。打者が安打や相手の失策などで出塁（➡P34〜37）したら、その選手の記述はまだ終わりません。その後のプレーや、後続のバッターによってアウトにならない限り、記入がつづくのです。塁上にいるランナーが、**何番バッターによって進塁したのか**を記入していき、最終的に**「得点（●）」**か**「残塁（ℓ）」**の記録になります。

ホームインの記入

ランナーがホームインしたら、マス目の本塁の欄に何番打者によって生還したのかを記入するとともに、真ん中の欄に「●」を赤字で記入すること。

7番打者／8番打者

8番打者の安打でホームイン！

7番バッターが右中間を抜く三塁打で出塁し、8番バッターのレフト前ヒットでホームイン。

セーフ！

得点の記号を書きわける

通常、得点の記号は「●」ですが、野手の失策による得点などには「○」として記入すると、あとで集計や計算をするときに便利です。自力の得点と他力（相手のミス）で得点したものを書きわけることで、振りかえって試合の流れを読むことができるようになるのです。

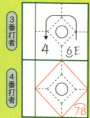

スコアブック活用術

2アウトの状態でショートがゴロ捕球ミスで3番打者出塁。4番打者が左中間越えのホームランで2失点だが、本来ならショートゴロで3アウトなので、ピッチャーに自責点はつかない。

安打による進塁の記入

進塁した塁のスペースに、安打したバッターの打順番号を記入する。

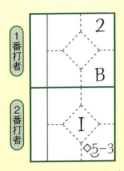
四球で出塁した1番打者が、2番打者のサード前送りバントで二塁進塁。

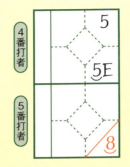
サード捕球エラーで出塁した4番打者が、5番打者のセンター前ヒットで二塁進塁。

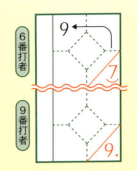
レフト前ヒットで出塁した6番打者が、9番打者のライト線ヒットで一気に三塁進塁。

安打以外による進塁の記入

暴投や盗塁など、安打以外の進塁も略語を使って忘れずに記入すること。

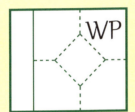
ピッチャーの暴投による進塁は「WP」(Wild Pitchの略)を記入。図は暴投で二塁進塁。

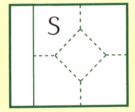
盗塁は進塁した塁の記入欄に「S」(Stealの略)を記入する。図は三盗成功。

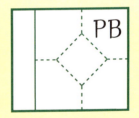
キャッチャーの捕逸による進塁は「PB」(Passed Ballの略)を記入。図は捕逸で二進。

残塁の記入

ランナーがアウトにならず、ホームインしなかった場合は、すべて残塁となるので、省略も可能。

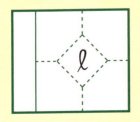
マス目の真ん中の欄に小文字の「ℓ」(Left on Baseの略)を記入する。省略してもよく、記録員もあえて記入しないケースが多い。

進塁と得点、残塁のケース

Chapter 8 盗塁とランダウンプレー

塁上で起こるプレーにも注意して記録する

　出塁したランナーが、次のバッターの打撃以外で進塁するプレーの代表的なものが盗塁です。盗塁のとき大切なのが、それが成功であっても失敗であっても、ひとめでわかるように記入していくことです。後続の打者への何球目で盗塁を試みたのかという**タイミングの記入**や、**ダブルスチールなどの記入**と合わせておぼえておきましょう。

　また、けん制球に引っかかるなどして、**塁間にランナーが挟まれるプレー（ランダウンプレー）**では、複数の野手がボールを往復させてランナーを追い込んでいくので、ボールの移動を示す記入が書き切れなくなることもあります。そんなときは結果を重視して簡略化していくことも可能です。

ランダウンプレー

ランダウンプレーでは、スコアブックの余白にボールの動きをメモしておき、最後に自分なりに略して記入すればよい。

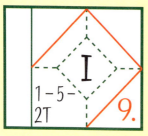

ライト線を抜く三塁打（9.）で出塁したランナーがけん制球（1-）に引っかかり、サード（5）、キャッチャー（2）、ショート（6）、ピッチャー（1）、キャッチャー（2）とボールが渡ってタッチアウト（T）。略して「1-5-2T」とする。

盗塁とダブルスチール

盗塁は「S」(stealの略)で表記する。盗塁が成功した塁の欄に書き、どのバッターの何球目に走ったかを記録しよう。

【盗塁のタイミングの記入】

ランナーが盗塁を試みるのは、次の打者とは限らないので、ボールカウント欄に「レ」の記号をつけることで、明確にする。

【ダブルスチール】

DS（ダブルスチール）の略語を用いて記入する。

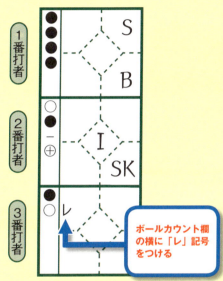
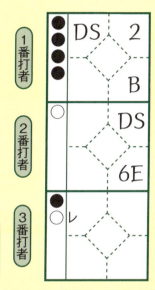

ボールカウント欄の横に「レ」記号をつける

1番バッターが四球(B)で出塁。2番バッターが空振り三振(SK)。3番バッターの2球目(レ)に一塁ランナーが盗塁(S)をした。

1番バッターが四球(B)で出塁。2番バッターがショートゴロエラー(6E)で、一・二塁。3番バッターの2球目にダブルスチール成功(DS)。

【盗塁の失敗】

カウント欄の「レ」とタッチアウト「T」を記入する。

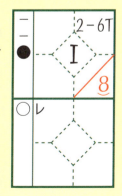

センター前ヒット(8)で出塁したランナーが、次打者の初球に盗塁失敗(2-6T)。

Chapter 9 ボークや妨害、振り逃げ

あらゆるケースが起こりうることを想定しておく

　野球の試合では、さまざまな場面が生じます。よく起こるプレーもあれば、一試合ではあまり起きないけれど、何試合かを記録していくうちに必ず起きるというプレーもあり、どのプレーが起こるかは試合にならないとわかりません。しかし、どんなプレーであっても、スコアブックを記入していくうえでは、対応していくことが求められます。

　特に、少年野球の試合でスコアブックをつける指導者や親は、**ボーク**や**振り逃げ**だけでなく、**妨害行為**や**自分の打球を蹴ってしまう**などのプレーを目にする機会があるかもしれません。そんなプレーが起こってから慌てないように、ある程度は記録のしかたを学んでおくとよいでしょう。

ボークや打撃妨害の記入

　ボークや妨害行為などが起きた「タイミング」を記入するには、後続のバッターのボールカウントの欄に「×」記号を記入する。

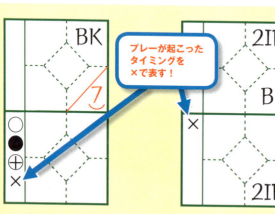
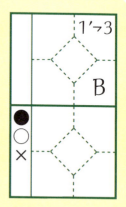

レフト前ヒットで出塁したランナーがいるケース。次打者の3球目後にピッチャーボークで二塁へ進塁。ボールカウント4つ目に「×」記号とランナーの欄に「BK」を記入する。

四球で出塁したランナーがいるケース。次打者の初球にキャッチャーの打撃妨害「2IF」で打者は一塁、一塁ランナーは二塁へ進塁。ボールカウントの最初に「×」を記入する。

四球で出塁したランナーがいるケース。次打者の3球目前にけん制悪（低）送球で、一塁ランナーが二塁へ進塁。

妨害行為

妨害行為は基本的に「IP」(Illegal Playの略)で表すが、わかりにくいものは説明文を加えておくとよい。

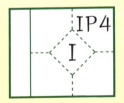
打球がセカンド前に転がり、一塁ランナーがセカンドにぶつかって守備妨害アウト。

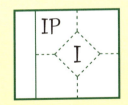
三遊間の打球に二塁ランナーが当たって守備妨害アウト。「IP」を記入。

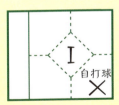
打者走者が自分の打球を蹴ってしまって守備妨害アウト。「×」記号と説明文を記入。

けん制球

けん制球のタイミングはボールカウントの欄に「×」で記入。

ショートのエラーで出塁したランナーがいるケース。次打者のカウント1-2から、けん制悪送球で一塁ランナーが二塁へ進塁。ボールの行方「1-3」に悪送球の記号「´」か「E」を合わせる。

ライト前ヒットで出塁したランナーがいるケース。次打者のカウント1-1から、けん制球で一塁ランナーがアウト。ボールの行方「1-3」とタッチアウトの「T」を記入する。

振り逃げ

振り逃げは成功したときに三振の記号「K」の逆「ꓘ」と記入する。

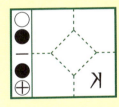
5球目を空振りして三振だが、捕手後逸で振り逃げ成功。三振記号「K」を逆にした「ꓘ」と記入。

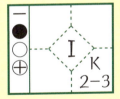
4球目三振で振り逃げを狙ったが、捕手が一塁送球でアウト。「K」と「2-3」を記入する。

Chapter 10 トリプルプレーや変則守備

基本の記入方法の応用で対応する

　引き続き**特殊なプレー**を紹介しますが、どちらかというと珍プレーの部類に入るかもしれません。しかし、野球はルールが複雑なぶん、さまざまな想定外のプレーが起こる確率が高いスポーツです。

　見たことがないようなプレーが起きても、**基本の記入方法をおさえておけば、あとはその応用**ということになります。コツとしては、珍しいプレーの記入方法がすぐには思いつかなかったら、**慌てずにスコアブックの余白に簡単な文章で書いておくことです**。そして次のプレーからしっかり記入しておき、**イニングの合間に整理して記録**すればいいのです。いずれにせよ、あとから見てわかりやすいスコアブックがいちばんです。

トリプルプレー

トリプルプレーは、どちらかというと攻撃側の走塁ミスにからんだものが多い。

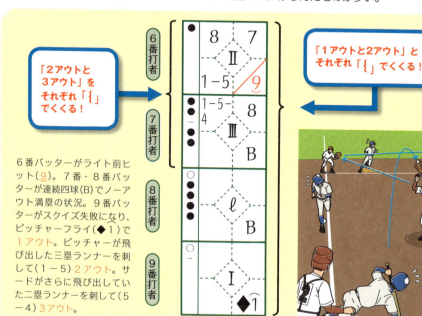

6番バッターがライト前ヒット（9）。7番・8番バッターが連続四球（B）でノーアウト満塁の状況。9番バッターがスクイズ失敗になり、ピッチャーフライ（◆1）で1アウト。ピッチャーが飛び出した三塁ランナーを刺して（1－5）2アウト。サードがさらに飛び出していた二塁ランナーを刺して（5－4）3アウト。

「2アウトと3アウト」をそれぞれ「{」でくくる！

「1アウトと2アウト」とそれぞれ「{」でくくる！

変則的な守備シフト

サヨナラのピンチで1点も与えられないようなとき、外野手が内野のフィールドを守ることがある。打球の飛んだ方向ではなく、打球を処理した野手のポジションで記入すること。

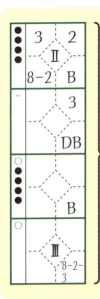

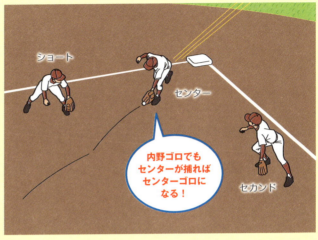

ピッチャーと二塁ベースの間に転がった打球をセンターが本塁送球（8-2）、さらに一塁送球（2-3）でダブルプレー。記録はセンターゴロになる。

振り逃げ成功後のアウト

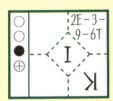

空振り三振後、キャッチャーが後逸したので振り逃げ（K）。キャッチャーの一塁送球が大きくそれた（2E-3）のを見たランナーが二塁進塁を試みるが、ライトからの返球でタッチアウト（9-6T）。

スコアブック活用術
タイブレークの記入法

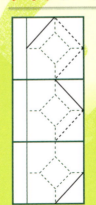

点線と実線を使い、ノーアウト満塁の状態から記入する。

少年野球などでは、日程や時間の都合などで、延長戦をノーアウト満塁の状況から始めるタイブレークという方式をとることがあります。そんな場合、スコアブックへの記入は、とにかくノーアウト満塁の状況を設定すればいいのです。ただし、安打ではありませんので、黒ペンで記入し、実際に踏んでいない塁は点線で示すようにするとわかりやすいでしょう。

Chapter 11 サヨナラヒット、アピールアウト

サヨナラヒットは単打扱いになる

　特殊なプレーとして、**サヨナラヒットの記録**などを紹介します。サヨナラ勝ちを決める決定的なヒットを放ったバッターは、どれだけ大きな当たりでも**基本的に単打**になります。なぜなら、塁上のランナーがホームインする前に、打者走者が二塁や三塁に到達することはあり得ないからです。例外として、打者の長打で一塁ランナーが本塁へ生還し、結果的にサヨナラになった場合、打者走者はできる限り進塁しているはずで、この場合は二塁打などが記録されます。

　また、タッチアップが早すぎて守備側の**アピールでアウト**になったり、**ランナーが前のランナーを追い越してアウト**になったときの記入方法も紹介します。

サヨナラヒット

打ったバッターは、基本的に単打の扱いになる。

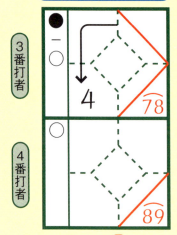

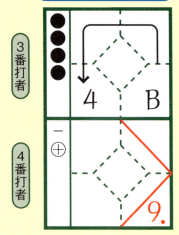

3番バッターが左中間を抜く(⌢78)二塁打でサヨナラのチャンス。4番バッターが右中間を抜く(⌢89)打球で二塁ランナーが生還してサヨナラ。4番バッターには単打の記録がつく。

3番バッターが四球(B)で出塁。4番バッターがライト線を破る(9.)打球で、一塁ランナーが一気に回ってサヨナラ。この場合、4番バッターが二塁まで進塁していれば二塁打の記録がつく。

アピールアウト

守備側のアピールが審判に認められれば、ランナーはアウトになる。

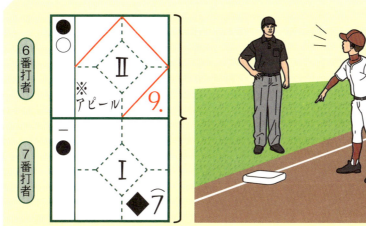

6番バッターがライト線を破る三塁打（9.）。7番バッターがレフトへ犠牲フライ（◇7）を打ったが、三塁ランナーの離塁が早かったとの守備側のアピール（※「アピール」と記入）が認められ、ランナーアウトと犠牲フライ失敗（◆7）でダブルプレーになる。

追い越しアウト

ランナー追い越しは、追い越した（後ろの）ランナーが自動的にアウトになる。

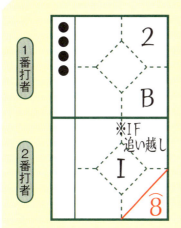

1番バッターが四球で出塁（B）。2番バッターがセンターへ飛球（8）を放つが、一塁ランナーは判断に迷って一・二塁間で様子を見る。結局センターの頭を越えたが、打者走者が一塁ランナーを追い越して（※「IF追い越し」と記入）しまい、打者走者アウト。

COLUMN

公式記録として役立つ 高野連のスコア統一表記

　日本高等学校野球連盟では、各都道府県連盟でそれぞれの表記方法が用いられていました。それが、2022年度から、「可能な限りスコアの表記を統一していきましょう」ということで、統一表記一覧が発表されました。本書でも、何度も述べているように、スコアブックの表記は必ずしもこのように表記しなくてはいけないというものではありません。ただ、公式記録として公表される資料とする場合に、統一表記の方がわかりやすいということは確かです。

　ちなみに、統一表記として示されたのは下記の表記です。

スコア表記の変更・追加一覧

スコア内容	現状	→	新表記
【三振】スリーバント失敗	◆K	→	K
【犠打】三塁への犠打	◇5-3	→	5-3
【犠飛】中堅への犠飛	◇8	→	⑧
【フライアウト】右翼ファウルフライ	f9	→	F9
【死球】	DB	→	HP ※「Hit by Pitch」の略
【失策】遊撃手の悪送球	6W-3	→	6E-3
【犠打失策】犠打と三塁手の悪送球	◇5W-3	→	5E-3
【犠打野選】投手が間に合わない二塁に送球	◇1-6 FC	→	1Fc-6
【打撃妨害出塁】捕手に失策	2E	→	2IF

スコア内容
【重盗】Lはタイミング
【三重盗】Lはタイミング

PART 3

試合を追って記録する

基本的な表記方法をマスターしたら、1試合を記録することに挑戦しましょう。試合を追って記録していけば、たくさんの発見があるはずです。

Chapter 1 先攻チームスコア全図

50

実戦を追いかけながら記入法をマスターしよう

さまざまな記号や記入のしかたをおぼえたら、**実戦の流れを追いながら記入**する練習をしてみましょう。

ここでは、東都南と関西北の架空の試合を例にとって紹介していきます。下の図は、**先攻の東都南のスコア**です。52ページには**後攻の関西北のスコア**、そして54ページから**イニングごとの解説**をしていきます。本書のスコアの図だけを見てどんなプレーが起こったのかを想像したり、解説だけを読んで実際にスコアブックに記入し、本書のスコアと照らし合わせてみたりと、活用してみてください。

PART 3 先攻チームスコア全図

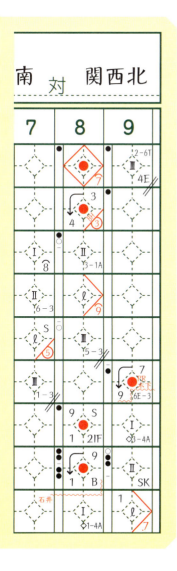

POINT　打者一巡のとき

イニングの途中でトップバッターに回ったときは、そのイニングの欄の上に戻って記入することになります。また、イニング中に打順が一巡してしまったときは、次のイニングの数字に斜線を入れて書き直し、イニングが続いていることがわかるようにしましょう。

❶ 8番打者から始まり、トップバッターに返ったら、そのイニング欄の上から記入する。

❷ 5番打者から始まり、打者一巡の猛攻。次の5イニング目に斜線を入れて4イニングの続きとする。

Chapter 2 後攻チームスコア全図

スコアブックの上部の欄の違い

　後攻チーム、関西北のスコアの全図を紹介します。東都南のスコア（▶P50）と比べると、スコアブックの**上部の欄の違い**に気づくかもしれません。一般的な左右横長のスタイルでは、先攻チームのページは試合日や大会名、グラウンド状態などを記入する欄、後攻チームのページには、**得点表**や**特記すべき事柄**を記入する余白などがあります。そのためスコアブックを左右に開いた状態にすれば、上部の欄の情報を合わせて見ることができるのです。

チーム名 （監督名）	1	2	3	4	5	6	7	8	9	10	11	12	合計
東都南	2	0	0	0	2	0	0	4	1				9
関西北	0	1	0	0	1	0	0	1	1				4

スコアブック活用術

試合一覧にも書き込んでおく

市販されているスコアブックの最初のページには、たいてい「試合一覧」という欄があります。これは、自分で書き込むスコアブックの目次のようなものです。試合が終わるたびにこまめに記入しておくと、あとで振り返ったり、整理したりするときに非常に便利ですので、ぜひ活用してください。

「試合一覧」のページを埋めていき、もくじ代わりに活用する。

PART 3 後攻チームスコア全図

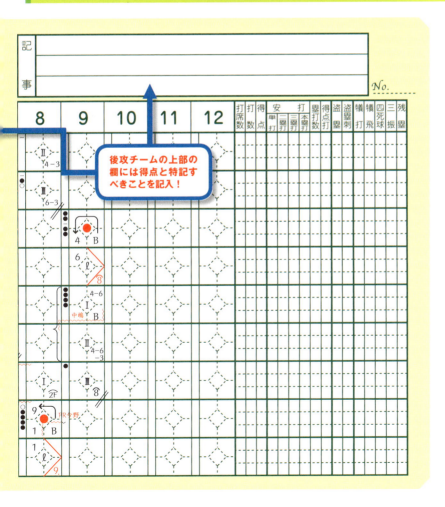

後攻チームの上部の欄には得点と特記すべきことを記入！

Chapter 3 1回表と裏の解説

東都南 1回表の解説

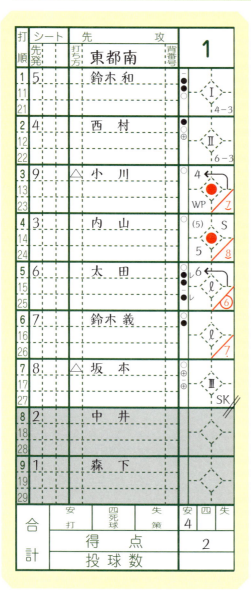

1番 鈴木和
ファウル(一)、ボール(●)、ボール、見逃しストライク(○)のあとセカンドゴロ(4-3)で1アウト(Ⅰ)。

2番 西村
ボール、見逃しストライク、空振り(⊕)のあとショートゴロ(6-3)で2アウト(Ⅱ)。

3番 小川
見逃しストライクのあとレフト前ヒット(7)で出塁。

4番 内山
見逃しストライクのあとセンター前ヒット(8)で出塁。一塁ランナー小川が三塁に達し(→)、2アウト一・三塁。

5番 太田
見逃しストライク後の2球目(レ)に一塁ランナー内山が盗塁(S)成功。5球目に暴投(ワイルドピッチ)(WP)となり、三塁ランナー小川がホームイン(●)。その間に二塁ランナー内山が三塁へ。カウント3-2からショートへの内野安打(⑥)で三塁ランナー内山がホームイン。

6番 鈴木義
3球目を打ってレフト前へのポテンヒット(7)で2アウト一・三塁。

7番 坂本
見逃し、空振り、ファウルのあと、空振り三振(SK)で3アウト(Ⅲ)チェンジ(//)。この回2得点、2者残塁(ℓ)。

関西北 1回裏の解説

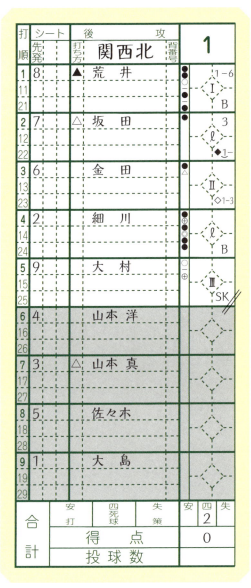

1番 荒井
フルカウントからファウルで粘り四球(B)で出塁。

2番 坂田
ボールのあと2球目に送りバント。ピッチャーから二塁送球で送りバント失敗(◆)。一塁ランナー荒井がフォースアウト(1-6)。

3番 金田
2球目のバントがファウル(△)。3球目に送りバント成功(◇)で一塁ランナー坂田が二塁へ進塁。2アウト二塁。

4番 細川
四球で出塁し、2アウト一・二塁。

5番 大村
空振り三振で3アウトチェンジ。この回無得点、2者残塁。東都南2-0関西北。

POINT
解説とスコアを照らし合わせる

1回から9回(→P54〜71)までの両チームの攻撃を解説しますが、緑色のカッコ「( )」の中には解説文にあてはまる記号を入れてあります。その記号を手がかりに、右側の解説文と左側のスコアを照らし合わせながらおぼえていってください。

Chapter 4 — 2回表と裏の解説

東都南　2回表の解説

打順	シート先発	打ち方	先攻　東都南　背番号	2
1 11 21	5	鈴木和		● 2E-6　S ℓ 6-
2 12 22	4	西村		○ ● Ⅲ Y 4-3
3 13 23	9	△小川		
4 14 24	3	内山		
5 15 25	6	太田		
6 16 26	7	鈴木義		
7 17 27	8	△坂本		
8 18 28	2	中井		● 6-5T　9 ● Ⅱ ● Y B
9 19 29	1	森下		● Ⅰ Y ◇5-3

合計	安打	四死球	失策	安	四	失
					1	1
	得　点			0		
	投球数					

8番 中井
四球(B)で出塁。

9番 森下
初球を三塁側にバントして送りバント成功(◇)で、一塁ランナー中井が二塁へ進塁。1アウト(Ⅰ)二塁。

1番 鈴木和
初球ボール(●)のあと、2球目にショートゴロ(6)で、二塁ランナー中井が三塁を狙うがタッチアウト(6-5T)。2アウト(Ⅱ)一塁。

2番 西村
3球目(ℓ)に一塁ランナー鈴木が盗塁(S)を試み、キャッチャー悪送球(2E-6)で三塁まで到達。西村は4球目をセカンドゴロ(4-3)で3アウト(Ⅲ)チェンジ(//)。この回無得点、走者残塁(ℓ)。

POINT

盗塁と捕手の悪送球

ひとつのプレーに関連して他のプレーが重なったときのケースを考えてみましょう。たとえばランナーが二塁へ盗塁して、キャッチャーが悪送球をしたことで、さらに三塁まで進塁できた場合は、盗塁「S」とキャッチャーの失策「2E」が記録されます。盗塁は二塁の欄に、失策は三塁の欄にそれぞれ記入することで進塁を表しましょう。

関西北 2回裏の解説

打順	シート先発	打ち方	関西北	背番号	2
1 11 21	8	▲	荒 井		○レ 2 ●●● ⑧
2 12 22	7	△	坂 田		⊕- Ⅲ 6B DB
3 13 23	6		金 田		6-
4 14 24	2		細 川		
5 15 25	9		大 村		
6 16 26	4		山本 洋		I 2F
7 17 27	3	△	山本 真		⊕- 1-5 8 ●●● Ⅱ B
8 18 28	5		佐々木		● WP 9 2 ⑧
9 19 29	1		大 島		- 2 (1) ●● ℓ ◆1-
合計		安打	四死球	失策	安1 四3 失
		得点			1
		投球数			

6番 山本洋
初球をキャッチャーフライ(2F)で1アウト。

7番 山本真
フルカウントから四球(B)で出塁。

8番 佐々木
3球目をセンター前ヒット(8)で1アウト一・二塁。

9番 大島
4球目に送りバント。ピッチャーから三塁送球(1-5)で送りバント失敗(◆)。2アウト一・二塁。

1番 荒井
初球に暴投(WP)でランナーがそれぞれ進塁し、2アウト二・三塁。ここで東都南ベンチは勝負を避けて荒井を敬遠四球(B)。2アウト満塁。

2番 坂田
3球目にデッドボール(DB)で押し出し。三塁ランナーの佐々木が生還して1得点(●)。

3番 金田
初球をショートゴロ二塁フォースアウト(6B)で3アウトチェンジ。この回1得点、2者残塁。東都南2-1関西北。

Chapter 5 — 3回表と裏の解説

東都南　3回表の解説

打順	シート先発	先攻 打ち方	背番号 東都南	3
1 11 21	5		鈴木和	
2 12 22	4		西村	
3 13 23	9	△	小川	● ● ● 5　5E-4　ℓ　B
4 14 24	3		内山	5　ℓ　5-
5 15 25	6		太田	Ⅰ　5-3
6 16 26			鈴木義	● Ⅱ Ⓨ 6
7 17 27	8	△	坂本	Ⅲ　3F／／
8 18 28	2		中井	
9 19 29	1		森下	
合計	安打	四死球	失策	安1 四1 失 得点 0 投球数

3番 小川
四球（B）で出塁。

4番 内山
3球目にサードゴロ（5）だが、併殺を狙ったサードの二塁への送球が悪送球（5E-4）になり、ノーアウト一・二塁。

5番 太田
初球をサードへのバントで送りバント成功（◇）。一塁・二塁ランナーがそれぞれ進塁（5）。1アウト（Ⅰ）二・三塁。

6番 鈴木義
3球目をショートフライ（6）で2アウト（Ⅱ）二・三塁。

7番 坂本
4球目にファーストファウルフライ（3F）で3アウト（Ⅲ）チェンジ（／／）。この回無得点、2者残塁（ℓ）。

スコアブック活用術

フライの安打か失策の判断

フライ捕球時の安打か失策の判断は、打球にグラブが触れたか触れなかったかが判断の基準となります。簡単なフライを捕球できなかったときでも、野手同士が譲り合って落ちた場合でも、とにかくグラブに触れていなければ安打と記録されます。

関西北　3回裏の解説

打順	シート 先発	後攻 打ち方	背番号	3
		関西北		
1 11 21	8	▲ 荒井		
2 12 22	7	△ 坂田		
3 13 23	6	金田		
4 14 24	2	細川		I SK
5 15 25	9	大村		II SK
6 16 26	4	山本洋		ℓ 4E
7 17 27	3	△ 山本真		III 4-3
8 18 28	5	佐々木		
9 19 29	1	大島		
合計	安打	四死球	失策	安 四 失 1
	得点			0
	投球数			

4番 細川
空振り三振(SK)で1アウト。

5番 大村
空振り三振(SK)で2アウト。

6番 山本洋
3球目にセカンドフライを落球(4E)で出塁。2アウト一塁。

7番 山本真
初球にセカンドゴロ(4-3)で3アウトチェンジ。この回無得点、走者残塁。東都南2-1関西北。

POINT

ほかのランナーへの送球で自分が生きた場合

バッターは内野ゴロの場合、通常はアウトになりますが、野手がバッターではないランナーをアウトにするために送球することがあります。そうして自分が生きた場合はどのように記入すればいいのでしょうか。もちろん、その打者が出塁したといってもヒットではないので赤字では記入しません。打球を処理した野手のポジション数字と、送球記号の「ー」を書き込むことで出塁を表現するようにしましょう。

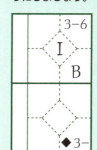

四球で出塁していたランナーが、次のバッターの一塁方向への送りバント失敗で二塁フォースアウト。打者走者は生きたので「3ー」で表す。

Chapter 6 4回表と裏の解説

東都南 4回表の解説

8番 中井
2つの見逃しストライク(○)のあと、3球目にライト線を破って(9.)三塁を狙ったが、ライト→ショート→サードと中継されて三塁タッチアウト(9–6–5T)。記録上はツーベースとなる。1アウト(Ⅰ)。

9番 森下
5球目にセンターフライ(⑧)で2アウト(Ⅱ)。

1番 鈴木和
初球にレフトファウルフライ(7F)で3アウト(Ⅲ)チェンジ(//)。この回無得点。

関西北 4回裏の解説

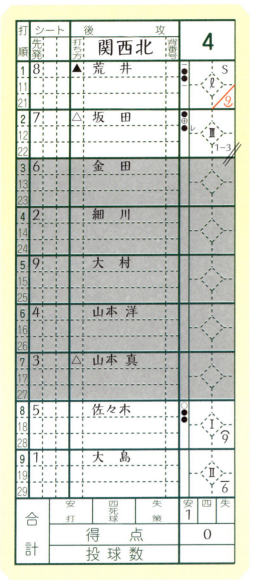

8番 佐々木
見逃しストライク(○)、ボール(●)、ボールのあと、4球目にライトフライ(9)で1アウト。

9番 大島
初球にショートライナー（̄6）で2アウト。

1番 荒井
ファウル(—)、ボール、ボール、ファウルのあと、5球目にライト前ヒット(9)で出塁。2アウト一塁。

2番 坂田
ボール、空振りストライク(⊕)のあと、3球目(L)に一塁ランナーの荒井が盗塁成功(S)で2アウト二塁になる。坂田は4球目にピッチャーゴロ(1-3)を打って3アウトチェンジ。この回無得点、走者残塁(ℓ)。東都南2-1関西北。

POINT
打者走者が次の塁を狙いアウトになった場合

外野の間を打球が抜けたときなど、打者走者は二塁、それから三塁まで狙うことがよくあります。セーフになれば、到達した塁まで赤線を引けばよいのですが、それでは狙った塁でアウトにされた場合のことを考えてみましょう。たとえば三塁を狙ってタッチアウトされてしまった場合は、アウトになった三塁の欄に送球の記録とタッチアウトの「T」を記入します。また、ひとつ前の塁まではヒットの記録になるので、赤線で二塁まで引くことになります。

Chapter 7 5回表と裏の解説

東都南　5回表の解説

2番 西村

4球目に空振り三振するも、キャッチャーが後逸（パスボール）して振り逃げ（K）で出塁。

3番 小川

1球目ボール（●）のあと、2球目にライト前ヒット（9）。一塁ランナー西村が三塁を狙って進塁（→）。ライトから三塁送球の間に小川も二塁を陥れた。ノーアウト二・三塁。

4番 内山

ファウル（一）で粘って7球目にショートの頭を越えるヒット（6）。三塁ランナー西村がホームイン（●）。二塁ランナー小川は三塁へ。ノーアウト一・三塁。

5番 太田

初球にショートゴロ併殺打（6B-3）で2アウト（Ⅱ）。併殺送球の間に三塁ランナー小川がホームイン（5）してこの回2点目。

6番 鈴木義

フルカウントから四球（B）で出塁。2アウト一塁。

7番 坂本

初球（ℓ）にキャッチャー後逸（PB）で、一塁ランナー鈴木義が二塁進塁。坂本は3球目にファーストゴロ（3-A）で3アウト（Ⅲ）チェンジ（//）。この回2得点、走者残塁（ℓ）。

関西北　5回裏の解説

3番 金田
空振り三振（SK）で1アウト。

4番 細川
3球目にセカンドゴロ（4–3）で2アウト。

5番 大村
初球にセンター前ヒット（8）で出塁。2アウト一塁。

6番 山本洋
2球目に一塁ランナー大村が盗塁成功（S）。山本洋は3球目にセンター前ヒット（8）で二塁ランナー大村がホームイン（●）。送球の間に山本洋も二塁まで進塁する。

7番 山本真
5球目にファーストゴロ（3–A）でファースト自らベースを踏みチェンジ。この回1得点、東都南4–2関西北。

POINT
送球間のランナーの進塁

ランナー二塁で外野へのヒットが出た場合、二塁ランナーは本塁を狙い、野手側は本塁でのタッチアウトを狙うことが多いはずです。この野手側の本塁への送球間に、ヒットを打った打者走者が二塁まで進塁したケースの記号は、到達した塁まで矢印「→」で記入します。

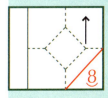

シングルヒットを打った打者走者が、送球の間に二塁を陥れた場合、ツーベースにはならないので、進塁の矢印で表現する。

Chapter 8 6回表と裏の解説

東都南　6回表の解説

打順	シート 先発	打ち方	東都南	背番号	6
1 11 21	5		鈴木和		●● ◇ DB
2 12 22	4		西村		◇ II ◆9
3 13 23	9	△	小川		◇
4 14 24	3		内山		◇
5 15 25	6		太田		◇
6 16 26	7		鈴木義		◇
7 17 27	8	△	坂本		◇ 西川
8 18 28	2		中井		●9 III 9-2T .5
9 19 29	1		森下		◇ I ◇1-4A

合計	安打	四死球	失策	安 1	四 1	失
	得点			0		
	投球数					

8番 中井
関西北のピッチャーが大島から西川に交代。ファウル（ー）、ボール（●）、ファウルのあと、4球目にサード横を破るツーベース（.5）で出塁。

9番 森下
初球にピッチャー前の送りバント成功（◇）で1アウト（Ⅰ）三塁。一塁ベースカバーはセカンドが入った（1-4A）。

1番 鈴木和
4球目にデッドボール（DB）で出塁。1アウトー・三塁。

2番 西村
初球にライトフライ（9）。三塁ランナー中井がタッチアップで本塁を狙うが、ライトからの返球で本塁タッチアウト（9-2T）。結果としてダブルプレー（2番西村と8番中井を{でくくる）になり3アウト（Ⅲ）チェンジ（//）。この回無得点、走者残塁（ℓ）。

アウト

関西北　6回裏の解説

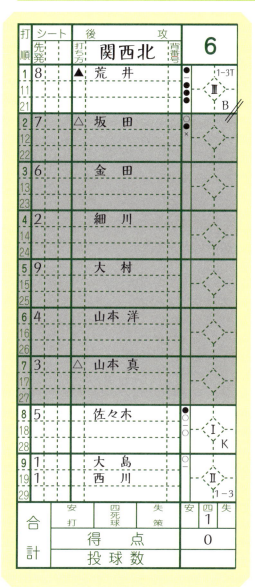

8番 佐々木
見逃し三振(K)で1アウト。

9番 西川
6回表から登板した西川が初打席。3球目にピッチャーゴロ(1-3)で2アウト。

1番 荒井
四球(B)で出塁。2アウト一塁。

2番 坂田
2球目のあと(×)に一塁ランナー荒井がけん制球でタッチアウト(1-3T)となり3アウトチェンジ。この回無得点。東都南4-2関西北。

POINT

犠打の失敗に関しての記入

犠牲(送り)バントや犠牲フライが犠打とならず、アウトになった場合は、犠打の記号を塗りつぶして「◆」を記入します。また、犠打をした打者走者もアウトになった場合は、ひとつの投球で2つのアウトが成立したことになりますので、ダブルプレー扱いになります。打順が下位から上位に回ってのダブルプレーでも余白を使って記入しましょう(東都南6回表スコア参照)。

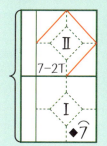

レフト犠牲フライで本塁タッチアウト。フライアウトと合わせてダブルプレー扱いとなる。

Chapter 9 7回表と裏の解説

東都南　7回表の解説

打順	シート先発	打ち方	東都南	背番号	7
1 11 21	5		鈴木和		
2 12 22	4		西村		
3 13 23	9	△	小川	●●	Ⅰ (8)
4 14 24	3		内山		Ⅱ 6-3
5 15 25	6		太田	○○ ●●	S ℓ ⑤
6 16 26	7		鈴木義	●レ	Ⅲ 1-3 //
7 17 27	8	△	坂本		
8 18 28	2		中井		
9 19 29	1		森下		

合計　安打／四死球／失策　安 1　四　失
得点　0
投球数

3番 小川
4球目にセンターフライ(8)で1アウト(Ⅰ)。

4番 内山
2球目にショートゴロ(6-3)で2アウト(Ⅱ)。

5番 太田
5球目にサード内野安打(⑤)で出塁。2アウト一塁。

6番 鈴木義
初球(レ)に一塁ランナーの太田が盗塁成功(S)。4球目に鈴木義がピッチャーゴロ(1-3)で3アウト(Ⅲ)チェンジ(//)。この回無得点、走者残塁(ℓ)。

POINT

守備妨害

守備妨害にもさまざまなケースがありますが、バッターの打球や、捕球しようとしている野手にランナーがぶつかったとき、そのランナーは守備妨害でアウトになります。ランナーが塁間を正しく走っていたとしても、守備有利の判断で、その野手が守備機会をつぶされたかどうかで判断しましょう。
また、守備妨害ではランナーがアウトになりますが、バッターにはヒットが記録されて出塁を許されるルールになっています。

関西北 7回裏の解説

打順	シート先発	打ち方	後攻 関西北	背番号	7		
1 11 21	8	▲	荒 井				◇
2 12 22	7	△	坂 田		○●	I Y	IP ／⑥
3 13 23	6		金 田		○△●	II Y	6-4 ／IP
4 14 24	2		細 川		●○−	5← ℓ Y 6-	
5 15 25	9		大 村		○●	↑ ℓ ／⑨	
6 16 26	4		山本 洋		●○−⊕	III YSK	
7 17 27	3	△	山本 真			◇	
8 18 28	5		佐々木			◇	
9 19 29	1 1		大 島 西 川			◇	
合計	安打	四死球	失策	安 3	四	失	
	得 点			0			
	投球数						

2番 坂田
6回裏打席中にランナーがアウトでチェンジになったので、再度坂田が打席につく。3球目にショート内野安打(⑥)で出塁。

3番 金田
4球目に金田が打った打球に一塁ランナー坂田が当たり、坂田は守備妨害(IP)で1アウト。金田にはヒット(IP)が記録されて出塁。1アウト一塁。

4番 細川
5球目にショートゴロ。ショートからセカンドへ送球されて一塁ランナー金田が二塁フォースアウト(6-4)。細川が一塁に残って2アウト一塁。

5番 大村
3球目にライト前ヒット(⑨)で出塁。一塁ランナー細川が三塁進塁するとその間に大村も二塁へ進塁(→)。2アウト二・三塁。

6番 山本 洋
空振り三振(SK)で3アウトチェンジ。この回無得点、2者残塁。東都南4-2関西北。

Chapter 10 8回表と裏の解説

東都南　8回表の解説

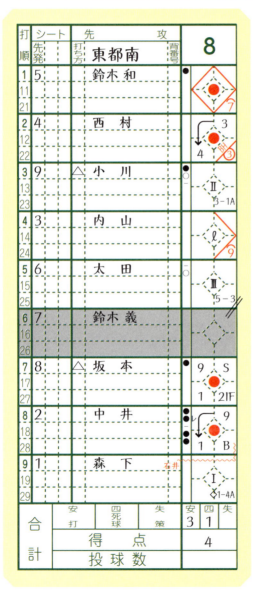

7番 坂本
2球目にキャッチャーの打撃妨害（2IF）で出塁。

8番 中井
2球目（レ）に一塁ランナー坂本が盗塁成功（S）。中井は四球（B）を選んでノーアウト一・二塁。

9番 森下
関西北はピッチャーを交代して石井が登板。森下は初球をピッチャー前の送りバント成功（◇）で1アウト（Ⅰ）二・三塁。

1番 鈴木和
2球目にレフトオーバーのホームラン（⑦）で走者一掃3得点（●）。

2番 西村
初球、一塁線にバントヒット（BH③）で1アウト一塁。

3番 小川
4球目にファーストゴロ。ピッチャーがベースカバーに入り（3−1A）、2アウト（Ⅱ）二塁。

4番 内山
初球にライトオーバーのツーベース（⑨）で二塁走者西村がホームイン。4点目。

5番 太田
3球目にサードゴロ（5−3）で3アウト（Ⅲ）チェンジ（//）。この回4得点、走者残塁（ℓ）。

関西北　8回裏の解説

7番 後藤
山本真の代打(PH)で後藤が打席に入る。初球にキャッチャーファウルフライ(2F)で1アウト。

8番 中村
佐々木の代打で中村が打席に入る。四球(B)で出塁。中村の代走(PR)で今野が送られる。

9番 石井
8回表にリリーフに入った石井の初打席。初球にライト線ツーベース(9.)で1アウト二・三塁になる。

1番 荒井
2球目にセカンドゴロ(4-3)で2アウト。この間に三塁ランナー今野がホームイン(1)で1得点(●)。

2番 坂田
4球目にショートゴロ(6-3)で3アウトチェンジ。1得点、走者残塁。東都南8-3関西北。

POINT 選手交代

ピッチャーの交代には、守備側のスコアの名前の欄に書くのはもちろん、攻撃側のどのバッターから交代したのか波線で区切って記入しておきましょう。また、代打や代走も同じように、波線を使って交代したタイミングを記入しておくことが大切です。

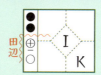

ひとりのバッターの投球と投球の間にピッチャー交代することもある。2球目のあとに田辺がリリーフ登板。

Chapter 11　9回表と裏の解説

東都南　9回表の解説

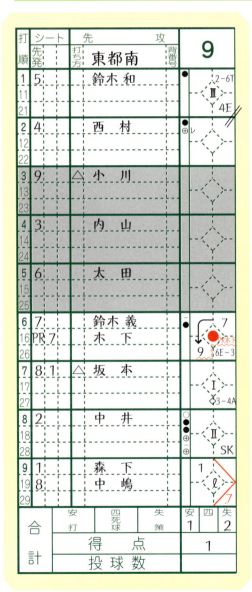

6番 鈴木義

3球目にショートゴロだが、ショート悪送球（6E-3）で出塁。ここで鈴木義の代走（PR）に木下が送られる。

7番 坂本

初球を送りバント成功（◇）。ファーストが捕球し、一塁ベースカバーに入ったセカンドへ送球（3-4A）。1アウト（Ⅰ）二塁。

8番 中井

カウント2-2から空振り三振（SK）で2アウト（Ⅱ）二塁。

9番 森下

初球にレフト線ツーベース（.7）で二塁ランナー木下がホームイン（9）。1得点（●）。2アウト二塁。

1番 鈴木和

2球目にセカンドゴロだが、セカンドエラー（4E）で出塁。その間に二塁ランナー森下が三塁へ（1）。2アウトー・三塁。

2番 西村

2球目（レ）に一塁ランナーの鈴木和が盗塁を失敗（2-6T）で3アウト（Ⅲ）チェンジ（//）。この回1得点、走者残塁（ℓ）。

関西北　9回裏の解説

打順	シート 先発	後攻 打ち方	関西北	背番号	9
1 11 21	8	▲	荒　井		
2 12 22	7	△	坂　田		
3 13 23	6		金　田		●●● ↓ 4 B
4 14 24	2		細　川		6 ℓ ⑧
5 15 25	9		大　村		●●● 4-6 I B 坂本
6 16 26	4		山本 洋		II 4-6-3
7 17 PH 27	3 PH 3	△	山本 真 後　藤 小　島		● III ⑧
8 18 PH 28 PR	5 PH 5		佐々木 中　村 今　野		
9 19 29	1 1 1		大　島 西　川 石　井		
合計	安打	四死球	失策	安 1	四 2	失
	得　点			1		
	投球数					

3番 金田
四球(B)で出塁。

4番 細川
センターオーバーのツーベース(⑧)。一塁ランナー金田がホームイン(4)して1得点(●)。

5番 大村
四球(B)で出塁。ノーアウト一・二塁。ここで東都南センターの坂本がリリーフに入り（ポジション番号8→1）、センターにはピッチャーの森下に代わって中嶋が入る（森下の下段に中嶋でポジションは8）。

6番 山本洋
初球にセカンドゴロ。セカンド→ショート（二塁）→ファースト（4-6-3）と渡り、ダブルプレー（ {) 。送球の間に二塁ランナーの細川が三塁進塁(6)で2アウト三塁。

7番 小島
2球目にセンターフライ(⑧)で3アウト。この回1得点、走者残塁。東都南9得点－関西北4得点で、東都南が勝利した。

Chapter 12 記入方法を工夫する

見ただけでより多くの情報がわかる工夫

　多くの情報がひと目でわかるものがよいスコアブックです。そのためには、**ピッチャーやバッターの特徴**をできるだけ詳しく記入しておきましょう。
　ピッチャーならば**右投げ**か**左投げ**、そして**上手投げ**や**横手投げ**などの投げ方を、バッターならば**右打ち**か**左打ち**か、または**スイッチヒッター**なのかも記入しておきましょう。こういった情報は、あとで戦略を練るうえでもとても大切なデータになります。どうしても数字と記号だけでは表せない、**特記すべき好プレー**などは、余白にどんどん書きこんでいきましょう。

ピッチャーの左右と投げ方

ピッチャーの投げ方は氏名の横に記入しておくとひと目でわかる。

	氏　　名	
投手	先発	酒田　左上
	2	大河原　右斜
	3	菊地　右横
	4	
	5	
	6	

菊地（右横）

酒田は左投げ上手投げ（オーバーハンド）なので「左上」か「左O」。大河原は右投げ斜め投げ（スリークォーター）なので「右斜」か「右Tq」。菊地は右投げ横手投げ（サイドスロー）なので「右横」か「右S」と記入する。

POINT　申告敬遠制度

2018年のシーズンから、プロ野球では申告敬遠制度が導入されたことで、アマチュア野球界でもそれに追随することとなりました。申告敬遠とは、正式には「申告故意四球」といわれます。スコアブック上では、一般的な四球と区別する意味で「DIB」と表記されることとなりました。「declared intentional base on balls」の略称です。

バッターの左右の打ち方

バッターが左打ちか右打ちかは、打ち方の欄に文字や記号で記入する。

一般的に右バッターは「R」、左バッターは「L」と記入するが、左バッターだけに三角「△」を記入することで、右バッターと区別する方法もある。また、右投げ左打ちなどの場合は、「▲」などを用いるとよい。

両打ち(スイッチヒッター)は、右投手に対しては左打席、左投手に対しては右打席に入るのが一般的だ。自分であとから見てわかるように記号(星形「☆」など)を用意しておくこと。

好プレーの記入

特記すべき好プレーなどは、余白に書き込んでおくと情報量が増える。

レフトからの送球でツーベースを防いだときなどは記号だけで表すのではなく「好送球!」などと記入しておく。

「好走塁!」「ガッツ!」などと特記しておくと、その選手のプレースタイルなどを思い出すヒントにもなる。

Chapter 13 目的によって記入方法を変える

欲しい情報だけを自分なりの工夫で記入

　スコアブックは、その目的によって**記入方法を変更**してもかまいません。**記録したデータをどう使いたいか**によるのです。

　たとえば、試合の流れを追うという目的で考えれば、ボールカウントは記入しないで、打撃の記録だけを記入しても問題ありません。また、記者のスコアブックなどでは、個々の打撃成績だけに重きを置いて記入していますし、スカウトなどは、試合の流れよりも、有力選手の成績のみ詳細に記入し、ほかは簡略化した記入方法をとっています。さらに、対戦チームの偵察などを行う場合は、**投手の球種のチェックや配球**など、試合の流れとは別に細かく分析していくことが必要になります。

打球方向の分析

球場のダイヤモンドを簡単な図にし、バッターごとに打球の方向と種類を記入する。

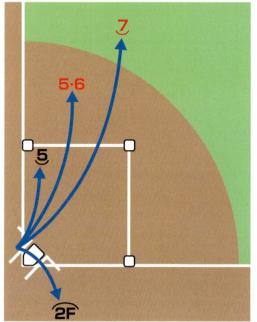

記者やスカウトなどは、自分が欲しい情報のみピックアップし、ほかの情報は工夫して簡略化して記入することが多い。

打球方向に注目することで、そのバッターのクセや攻撃パターン、狙い球の分析に役立てる。たとえばこのバッターは典型的なプル（引っ張り）ヒッターであることがわかる。

コースと球種の分析

球種を記号化したうえで、ストライクゾーンを9分割し、バッターごとに1球ずつ記録する。ピッチャーとキャッチャーのリードの傾向を知ることができ、打撃成績と比較して見るとさらにわかりやすくなる。

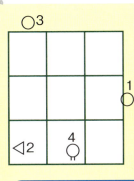

〈1球目〉
外角真ん中ストレート（○）でストライク

〈2球目〉
内角低めカーブ（◁）で空振りストライク

〈3球目〉
内角高めストレート（○）でボール

〈4球目〉
真ん中低めフォーク（♁）でショートゴロ

【球種を記号化する】

球種はストレート、カーブ、スライダーを中心に記号化しておく。下は一例で自分が覚えやすい記号にするとよい。また、記号の横に何球目かも記入しておく。

○ …… **ストレート**
◁ …… **カーブ**
◀ …… **スライダー**
▷ …… **シュート**
♁ …… **フォーク**
◎ …… **チェンジアップ**
⊗ …… **そのほか**

注意！
ボールカウントの記号は22ページ参照。球種の記号と混同しないように注意！

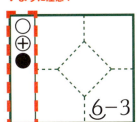

球数	1	2	3	4	5	6	7	8	9	10	11
球速(km/h)	135	104	126	105	104	138	139	104	127	…	…
球種	○	◁	▷	×	◁	○	×	♁	◀	…	…

バッターが打ったときの記号「×」を加え、球速を1球1球別のノートなどに記録していくのもよい。相手ピッチャーの球種と球速の関係や、スタミナの分析に役立てる。

COLUMN

［スポーツ記者たちのスコアブック記入法］

　プロ野球をはじめ、高校野球や大学野球、社会人野球などの試合結果を日々伝える運動部記者やスポーツ新聞の記者たちは、どのようにスコアブックをつけているのでしょうか。

　一般的に記者が使っているスコアブックは、普通のものと何ら変わりはなく、市販のスコアブックを使用している記者も多くいますが、スポーツ新聞社などでは、社内記者専用のスコアブックを用意しているところもあります。もちろん、記入方法は一般とほとんど変わりませんが、縦開き形式が多いのは記者席が狭くて、横に広げるよりも場所をとらないということ、移動しながらさまざまな場所でスコアをつけるのに、縦開きの方が便利ということもあるのでしょう。

　いずれにしても、試合後には大会本部などから公式記録が配布されますから、自分たちがつけているスコアは、あくまで試合の進行を頭に入れていくための目安で、それよりも自分の目で見た選手の印象や目立ったプレーなどを書き込んでいくことに意識を強く置いているようです。

　また、試合後に監督や選手たちからコメントを聞くときに、スコアブックを片手にしていると、要点をついた質問がしやすく、内容を把握しやすいということもあるのでしょう。

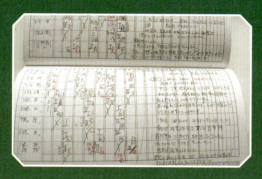

試合の流れを追いながら、印象に残ったプレーなどを記入し、試合後のインタビューの質問事項をまとめていく。

PART 4

スコアブックを読み込む

スコアブックは、記入後こそ大切です。どんなデータを引用し、どう活用していくのか。実際にあった試合を追いながら、その感覚をつかんでいきましょう。

Chapter 1 ボールカウントを読む

数ある情報の中でポイントを絞る

　スコアブックは、試合展開を振り返るためにはとても重要なもの。試合の後のミーティングでは、スコアブックを見ながら話を進めていくことも多いです。
　ただし、スコアブックの**どの情報に注目し、どういった分析をすればいいのか**、それがわからなければミーティングの意味がありません。そこで、スコアブックにある情報の中から、どのポイントに注目し、そこからどのような分析結果が導き出されるのか、見ていきましょう。
　まずは対戦チームの**ボールカウントの欄**に注目し、**攻撃の傾向を分析**する方法、そしてその**対策**を考えてみましょう。

スコアブックを使ってミーティング

スコアブックを詳細に記入しただけでは、ただ記録を残したということ。そこから何を導き出し、個人としてチームとして生かしていけるかが、スコアブックの本当の重要性だ。

ボールカウントを読み込む

対戦チームのボールカウントを読み込み攻撃の傾向を分析することで、その対策を考えることができる。

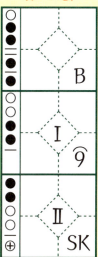

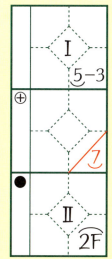

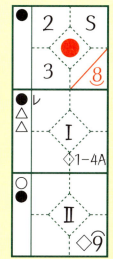

1番バッターがファウルで粘って8球目に四球。2番バッターが6球目にライトフライ。3番バッターが6球目に空振り三振。

1番バッターが初球をサードゴロ。2番バッターが初球を空振りし、2球目をレフト前ヒット。3番バッターが2球目にキャッチャーフライ。

1番バッターがセンター前ヒットで出塁し、2番バッターの初球で盗塁成功。2番バッターは2回バントファウルのあと送りバント成功。3番バッターが3球目にライトへの犠牲フライ成功で1得点。

分析

3人のバッターで2アウトにするまでに20球を費やしている。追い込まれるまでは簡単に手を出さずに持ち、じっくりと球数を投げさせている。

ヒットやアウトに関わらず、**3人のバッターにわずか5球しか投げていない。**ファーストストライクを積極的に振ってくる傾向にある。

先頭打者出塁後の初球での盗塁。追い込まれるまではライン際を狙ったバントで、2ストライク後からもきっちり進める送りバント。さらに犠牲フライで1点と、**わずかなチャンスを機動力と手堅い犠打できっちりとプレーしている。**

対策

相手の打線が待球作戦をとっていると感じた場合、ピッチャーは積極的にストライクを投げ、早め早めに追い込んでいく。

早いカウントで積極的に打ってきている場合、単調な配球にならないように、ボールから入って様子を見る方法も有効だ。

出塁されたら、クイックやけん制球、初球はウエストするなどの対処を考える。また、早いカウントでサードを前に寄せてライン際をつめるなどし、バントにプレッシャーをかけることで相手の機動力を封じ込める。

Chapter 2 打球の傾向を読む

バッターのクセと作戦の傾向を知る

　スコアブックでの分析は、**事前情報だけでなく、試合中でも必要**になってきます。たとえば相手チームの打撃記録を始めて何人かの記録が終わったときに、明らかに**「右狙い」**の打球ばかりあることに気づくかもしれません。球速でグイグイ押していくタイプのピッチャーの場合、相手も研究して**「逆らわずに右打ち」というような攻略法**をとってくる可能性も高いのです。

　そのようなときのためにも、**スコアラーは試合中に監督のそばにいる**ようにします。監督もスコアブックを確認しながら試合の流れを判断していきますが、スコアラーも**気づいたことを監督にどんどん伝えていきましょう**。

試合中でもスコアブックを采配に役立てる

試合中のスコアラーは、監督のそばで記録を行い、相手チームのバッターや作戦の傾向などにいち早く気づき、監督や選手に伝達する役目がある。

前の打席では…

打球の傾向を読む

打球の傾向を分析すれば、ピッチャーの配球や守備シフトなどの対策を立てられる。

〈ケース①〉

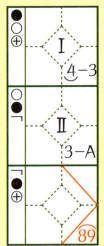

1番バッターがセカンドゴロでアウト。2番バッターがファーストゴロでアウト。3番バッターが右中間を破るツーベース。

分析

3人の右バッターの打球がすべて右方向になっている。さらに2番、3番バッターのファウルも右方向。執拗な右狙いが見てとれる。

対策

右へ押し込まれないように、バッターの胸元をえぐる速球を効率よく配球する。またはファーストが一塁線をしぼり、セカンドは多少一塁線寄りのシフトで対応する。

〈ケース②〉

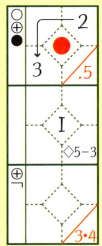

1番バッターがサード横を破るヒット。2番バッターがサードへ送りバント成功。3番バッター（左打者）が一二塁間を抜くヒットで二塁ランナーがホームイン。

分析

3人のバッターがすべて引っ張って打っている（3番は左打者）。典型的なプル（引っ張り専門）ヒッターが多いチームで、自由に打たせている雰囲気を感じる。

対策

外へ逃げる変化球や外角をつくボールを軸に配球を組み立てる。右バッターなら三塁線と三遊間、左バッターなら一塁線と一二塁間をしぼるシフトで対応する。

POINT　ファウルの打球方向も記入する

相手バッターのクセやチームの作戦の傾向を知るには、ファウルにも打球方向を記入しておきましょう。たとえば、相手バッターが追いこまれてもファウルで粘り、最後にライト前ヒットした場合、実はファウルがすべて一塁線へのものだったとしたら、このバッターの狙いがはっきり「右打ち」とわかるからです。

右へのファウルを表す！

ファウル記号「ー」の左右に線を加え、一塁側か三塁側を区別すれば、相手の狙いがさらに見えてくる。図は、一塁線へのファウルで粘り、最終的にライト前ヒット。

Chapter 3 ほかのデータと合わせて読む

複数のデータを合わせて分析する

　対戦相手のバッターやピッチャーの研究をするときは、スコアブックに加えて**ほかのデータも使う**ことで、より効果的になります。ほかのデータとは、たとえば**ピッチャーの球速**、**球種や配球**、**各バッターの打球方向**などです。
　複数のデータを照らし合わせ、**注意すべきバッターが「積極派か慎重派か」「弱点はあるか」**、相手ピッチャーの**「球威が落ちるのは何球あたりか」「ウイニングショットとして投げる球種は何か」**などという視点で読み込んでいけば、かならず攻略法が見つかるはずです。

注意すべきバッターのデータ

対戦相手の強打者がどういうバッターか事前に分析することで、有効な対策をたてられる。

※球種の記号は75ページ参照。

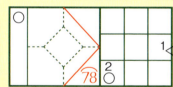

初球ストレートをライト前ヒット。　　2球目ストレートを左中間を抜くツーベース。

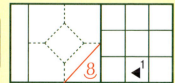

3球目のフォークボールで空振り三振。　　初球スライダーをセンター前ヒット。

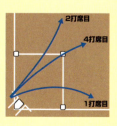

分析	対策
ストレートには反応がよく、積極的にファーストストライクを打ちにくる。スライダーなどの横の変化にも強く、広角に打ち分ける能力がある。**ただし、落ちる縦系の変化球には空振りも見られる。**	このバッターの前にランナーをためないように気をつける。ピンチの場面で縦系の変化球を持たないピッチャーのときは、敬遠四球で次のバッター勝負もありか。

相手ピッチャーの球種と球速

スコアブックとスピードガンを合わせて分析すれば、相手ピッチャーの対策が見えてくる。

球数	1	2	3	4	5	6	7	8	9	99	100	101	102	103	104
球速(km/h)	135	138	139 Max	130	136	110	135	104	111	128	125	100	120	121	108
球種	○	○	○	◀	○	◁	○	×	◁	○	×	◁	○	○	♀

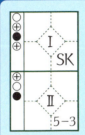

4球目を空振りさせて三振。次のバッターは4球目を打たせてサードゴロ。

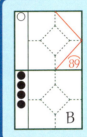

2球目を右中間に打たれてツーベース。次バッターは4球連続ボールで四球。

分析

全体的な印象
序盤は空振り三振や変化球を引っかけさせての内野ゴロが多い。後半は球速と制球に乱れが見られ、安打や四球が目立つようになる。

球種
ストレート(○)、カーブ(◁)、スライダー(◀)、フォーク(♀)の4種類。

平均スピード
ストレート136km/h（最大139km/h）。スライダー130km/h。カーブ110km/h。フォーク106km/h。

急速差
ストレートとの球速差は、スライダー6km/h。カーブ26km/h。フォーク30km/h。

スタミナ
序盤は球威のあるストレートを軸に早めに追い込んで確実にアウトを重ねている。後半は、100球前後でストレートが序盤と比べて10km/h以上落ち、痛打される場面が出てきた。さらに制球も乱れて四球も多くなってきた。

対策

リリーフ陣が手薄ならば、待球作戦で球数を投げさせ、早いイニングで降板させる作戦がベスト。ストレートと緩急の差が小さい高速スライダーを打つには高い技術が必要なので、打席の前に立ち、曲がり前もしくは曲がり際を叩く方法も有効。変化球は追い込まれるまでは捨て、追い込まれてからファウルできるかがカギ。三塁に走者がいるとき、捕手の後逸もありえる縦系の変化球をどれだけ投げてくるか要調査。

Chapter 4 試合中にスコアを活かす

試合を注意深く見ることで観察力を磨く

　バッターやピッチャーが、自分の呼吸（タイミング）でプレーするために、**「間（ま）を外す」**などとよく言いますが、野球はほかのスポーツと比べてプレーとプレーの「間」がとても長いスポーツです。

　野球選手として、さらにスコアラーとして、この**「間」をどう使うか**が重要なポイントになります。選手としては、すぐ前に起こったプレーを情報として頭に入れ、そこから何を導き出すか。打席は1球ごとにその情報を分析して対処するのです。スコアラーも、ただ記録をするのではなく、集中して試合を見ることで、**情報を整理して役立つ情報をピックアップ**できるよう、観察力を磨きましょう。

相手チームの守備のシフトを読む

相手チームの守備のシフトの傾向を分析することで、攻撃の対策を立てることができる。

【送りバントに対する相手チームの対応】

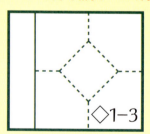

一塁ベースカバーに**ファースト**が入ることが多い。

分析
ファーストはバントシフトでそれほど前に出てこない。一塁側はピッチャーが処理することが多い。

対策
一塁線はプレッシャーが薄いので、一塁線へ球を殺して転がし、ピッチャーに処理させミスを誘ったり、体力を消耗させることを意識する。

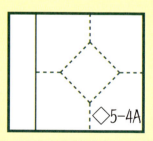

一塁ベースカバーに**セカンド**が入ることが多い。

分析
バントシフトでファーストがプレッシャーをかけている。一塁側のバントを積極的に処理にきている。

対策
カウントが早めでバントに自信があるならば、前へ出ているファーストの横を抜くプッシュ気味のバントも狙ってみる。

自分のチームのピッチャーの調子を見る

ピッチャーの球種や制球力を見れば、ピッチャー交代のタイミングなどに活かせる。

合計	安打	四死球	失策	1回			2回			3回		
				安	四	失	安	四	失	安	四	失
				0	0	0	1	0	0	0	0	0
	得点			0			0			0		
	投球数			9			12/21			12/33		

4回			5回			6回			7回		
安	四	失	安	四	失	安	四	失	安	四	失
0	1	0	1	0	2	0	0	0			
0			1			0					
15/48			25/73			16/89					

4回までは被安打1、四球1。5回に味方のエラーと安打で1失点。7回、先頭打者と次打者を四死球で歩かせた。

分析

4回まで安定した投球で、5回は不運があって1失点だが、6回に持ち直す。**ただし、球数が100球に近づいてきた7回、突如制球が乱れてきた。**

対策

明らかに制球が乱れてきているので、それが球数の問題なのか、ほかの原因によるものなのかピッチャー交代を視野に入れて見極めることが必要になる。

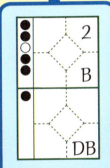

先頭打者をフォアボール、次打者をデッドボールと100球が近づいてきたところで制球が定まらない。

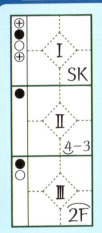

空振り三振、セカンドゴロ、キャッチャーファウルフライと、初回は上々の立ち上がり。

100球前後でスタミナが切れるピッチャーならば迷うことなく交代だが、スタミナのある選手ならば、制球が乱れた原因を探るためにも一呼吸おく。

POINT
キャッチャーの判断

投手交代に関しては、直接投球を受けているキャッチャーの判断も大事な要素になります。「普段と比べて今日の調子はどうか」、「立ち上がりに比べて今の球はどうか」などを的確に監督やコーチに伝えるようにしましょう。

Chapter 5 試合の流れを読む

1イニングをひとつのくくりとして試合の流れを見る

　スコアブックには、相手チームと自分のチームを分析する情報がつまっていますが、もう少し大きな視点で見ると、**「試合の流れ」**というものも読み取れます。

　スコアブックの記入欄の主要な部分は、打撃結果を記入する欄で、イニングごとに区切られていますが、実は意味があるのです。なぜなら、それをひとつのくくりとして、それぞれのチームの9イニングを見通せば、**「打撃戦か投手戦か」「どちらが主導権を握っていたか」「チャンスをものにしたチームはどちらか」**など、試合の流れが自然と見えてくるからです。

試合の流れを見る①

負けた試合のスコアを読み込めば、勝てる流れを作れなかった要因が見えてくる。

1回…ファーストファウルフライ。ピッチャーゴロ。サードゴロでチェンジ。
2回…ショートゴロ。レフトフライ。空振り三振でチェンジ。
3回…空振り三振。ピッチャーゴロ。センターフライでチェンジ。

分析

1～3イニングまで3人ずつで攻撃が終わっている。早打ちが多く工夫が足りない。平凡なフライと引っかけた形の内野ゴロも多く、相手ピッチャーの立ち上がりにいいリズムを与えてしまった。

対策

次に対戦するときは、セーフティーバントを試みたり、打席に立つ位置を変えてみたりなどの工夫で、少しでも相手ピッチャーを揺さぶる。場合によってはファウルで粘るなどの待球作戦も有効。

相手投手の攻略法が見つけられないまま、ただイニングが過ぎてしまったことがわかる。

試合の流れを見る②

相手チームのスコアを読み込み、どんなゲームスタイルか分析することも大切。

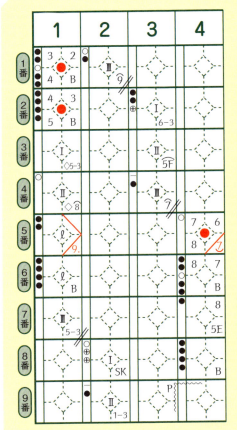

1回…1番が四球で出塁。2番が四球で出塁。3番がサードへの送りバント成功で1アウト二・三塁。4番が犠牲フライ成功で1得点。2アウト三塁。5番が一塁線を抜くツーベースで2点目。2アウト二塁。6番四球で2アウト一・二塁。7番サードゴロでチェンジ。

2回…8番空振り三振。9番ピッチャーゴロ。1番ライトフライでチェンジ

3回…2番ショートゴロ。3番サードファウルフライ。4番レフトフライでチェンジ。

4回…5番レフト前ヒット。6番四球でノーアウト一・二塁。7番サードゴロエラーで満塁。8番押し出し四球で1点。ピッチャー交代。

分析

何試合かデータを収集する必要があるが、**このピッチャーは立ち上がりがよくないように感じられる**。また先頭打者もしくはランナーを出すと、急に制球を崩す可能性も見てとれる。

対策

初回は早打ちをせずにじっくり球を見極め、塁をためることを考える。初回の2アウト一・二塁のチャンスで7番の初球打ちのようなことはしない。
また、イニングの先頭打者は安打や四球を問わず、塁に出ることを最優先にしてピッチャーに揺さぶりをかける。そのくり返しでピッチャーを自滅させ、野手陣にも守備の乱れを誘う。

POINT スコアブックの赤い部分に注目する

試合の流れを読むうえでも、赤ペンでの記入はとても役に立ちます。スコアブックの赤い部分に注目すれば、ひと目で「どちらが主導権」を握っていたかがわかるからです。よく「スコアブックが真っ赤になった」などという言葉を記者などが使いますが、これはヒットがたくさん出て大量得点が入ったことを表現したものです。

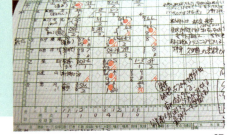

2009年 WBC(ワールドベースボールクラシック) 決勝
「日本 対 韓国」

緊張感の高い試合。どのように動いたか

　ここからは実際にあった試合のスコアを見ていきます。まずは、最高に緊張感の高まる舞台となった**WBC（ワールドベースボールクラシック）の決勝戦**です。両チームともスコアラーなどが各選手のデータを調査済みとはいえ、その日その場で直に対戦する感覚は独特です。そのため1球1球の駆け引きが多くなるので、5対3というスコア結果の割には**試合時間が4時間**もかかっています。

　そのなかで日本先発の**岩隈投手**は、初回から3回まで3者凡退に抑え、球数も3イニングで合計30球と、1球の重みを意識した**丁寧なピッチングでした。**

チーム名	1	2	3	4	5	6	7	8	9	10	合計
日本	0	0	1	0	0	0	1	1	0	2	5
韓国	0	0	0	0	1	0	0	1	1	0	3

日本の攻撃 3回表の解説

打順	シート先発	打ち方	先攻 日本	背番号	3
1 11 21	9	左	イチロー		
2 12 22	6	右	中島	● ⊕ -	3 4E / 5 ⑥
3 13 23	8	左	青木	● -	5-4 I / 4E
4 14 24	2	右	城島	○ -	6 5 ℓ / 5-
5 15 25	3	左	小笠原	● -	6 ℓ / ⑨
6 16 26	7	右	内川	○	5-4 II / ⑨
7 17 27	DH PH・DH	右 左	栗原 稲葉	⊕ ● ● -	III / 5-4-3
8 18 28	4	左	岩村		
9 19 29	5 PH 5	右 左	片岡 川崎		

【2番 中島】追い込まれながら6球目を打ってショートへの内野安打（⑥）で出塁。

【3番 青木】2球目を打ったセカンドゴロをセカンドが捕球エラー（4E）で出塁。中島は三塁へ進塁。ノーアウト一・三塁。

☑CHECK 両チームで初のエラー。緊張感のある試合で、ひとつのエラーから大きく流れが傾くことが少なくない。

【4番 城島】4球目を打ってサードゴロ（5）。サードの二塁送球（5-4）で一塁ランナー青木がフォースアウト。1アウト一・三塁。

【5番 小笠原】3球目を打ってライト前ヒット（⑨）で、三塁ランナー中島がホームイン。1アウト一・二塁。

【6番 内川】2球目を打ってライト前ヒット（⑨）で出塁。1アウト満塁。

【7番 栗原】6球目を打ってサードゴロ。ダブルプレー（5-4-3）でチェンジ。

☑CHECK 1アウト満塁から外角低めの変化球を引っかけてのダブルプレーは、韓国バッテリーのシナリオ通りに打たされた感が強い。

POINT

チャンスをものにできなかった日本

この回、相手チームの失策と3安打を絡めながら日本が奪った得点はわずか1点でした。緊張感のある決勝戦で、相手のスキにつけこんでビッグイニングを生む可能性があっただけに、拙攻ともいえるこの3回の攻撃の1点止まりが、後に同点に追いつかれる要因にもなりました。

細かく点を取り合うも、決定打にならず

　日本の1点リードで終盤の8回に入ります。8回は1点の重みを再度感じさせるように、お互いに犠飛で1点ずつ取り合いました。9回は新クローザーに任命された**ダルビッシュ**がマウンドに立ちますが、2アウトから**イボムホに同点打を許され、延長に突入します。**

　10回表の日本は、球史に残るイチローの2点タイムリーが生まれます。1点をとるのに苦労してきた両チームで、**この2点が試合を決定づけました。**2点の余裕をもらった続投のダルビッシュは、先頭バッターこそ四球で歩かせたものの、後続3人を打ち取ってゲームセット。**日本が第1回に続きWBCを連覇しました。**

韓国の攻撃 9回裏の解説

| 2番 代打 **チョングンウ** | 空振り三振(SK)で1アウト。 |

| 3番 **キムヒョンス** | フォアボール(B)を選び、代走(PR)にイジンヨンが入る。1アウト一塁。 |

| 4番 **キムテギュン** | 連続フォアボール(B)。代走(PR)にイテククンが入る。1アウト一・二塁。 |

☑ **CHECK** あとがない韓国は、出塁とともに俊足の代走を立て続けに送る。足の速いランナーは投手にプレッシャーを与え、捕逸などでも進塁の可能性を高める。

| 5番 **チュシンス** | 空振り三振(SK)。2アウト一・二塁。 |

| 6番 **イボムホ** | 3球目を打って**レフト前ヒット(7)**。2塁ランナーのイジンヨンがホームインして同点に追いつく。2アウト一・二塁。 |

| 7番 **コヨンミン** | 空振り三振(SK)してチェンジ。 |

日本の攻撃10回表の解説

打順	シート先発	先攻打ち方		背番号	10
1 11 21	9	左	イチロー		2FC ↑ 8
2 12 22	6	右	中島		3FC DB
3 13 23	8	左	青木		Ⓑ
4 14 24	2	右	城島		Ⅲ K
5 15 25	3	左	小笠原		
6 16 26	7	右	内川		8 7 1 9
7 17 27	DH PH/DH	右 左	栗原 稲葉		Ⅰ ◇1-4A
8 18 28	4	左	岩村		1FC 1 7
9 19 29	5 PH 5	右 左	片岡 川崎		Ⅱ 6

6番 内川 5球目を打ってライト前ヒット（9）。

7番 稲葉 初球をピッチャー前の送りバントで成功（◇1-4A）。1アウト二塁。

8番 岩村 3球目を打ってレフト前ヒット（7）。二塁ランナー内川は三塁へ。1アウト一・三塁。

9番 代打 川崎 初球をショートに打ち上げて（6）2アウト一・三塁。

1番 イチロー 2球目に一塁ランナー岩村が盗塁成功（記録はFC）。イチロー8球目にセンター前ヒット（8）。三塁ランナー内川、二塁ランナー岩村がホームイン。イチローは二塁へ。2アウト二塁。

✓CHECK 国際試合では、盗塁に対して守備側が送球をしない（刺殺の意思がない）場合、フィルダースチョイス（FC）の記録がつくことがある。

2番 中島 初球イチローが三盗成功（FC）。中島は死球（DB）で出塁。2アウト一・三塁。

3番 青木 2球目一塁ランナー中島が二盗成功（FC）。2アウト二・三塁。青木敬遠フォアボール（Ⓑ）。2アウト満塁。

4番 城島 見送り三振（K）でチェンジ。

POINT 8球で6分の見ごたえある打席

この試合のクライマックスになったイチロー対イムチャンヨンの対戦は、お互いに間の取り合いで8球で6分もかかりました。また注目はイチローの3〜6球目のファウルです。中でも5球目のワンバウンドになるかという低いボールに食らいついてファウルにしたことは特筆に値します。そうして、2ボール2ストライクという並行カウントから、8球目の真ん中の甘いボールを引き出すことができました。

2009年WBC決勝

2017年 WBC（ワールドベースボールクラシック）準決勝
「アメリカ 対 日本」

記録に残る失策と、残らない失策

　世界最高峰の争いとなった、**WBC（ワールドベースボールクラシック）の準決勝戦**。まさに世界一を賭けた戦いとなるのですが、細かい霧雨の中で行われました。日本はエースの菅野、アメリカは球を低めに集めるロアークが先発。立ち上がりからお互いにエンジン全開となりました。このレベルの試合となると、**1球もしくは1プレーの価値が極めて重い**ものになります。結果的に1点の差を分けたのは、**スコアブックの記録上に残る失策（エラー）と、記録には残らないが悔やまれる1プレー**に凝縮されています。

チーム名	1	2	3	4	5	6	7	8	9	合計
アメリカ	0	0	0	1	0	0	0	1	0	2
日本	0	0	0	0	0	1	0	0	0	1

アメリカの攻撃 4回表の解説

2番 A.ジョーンズ 空振り三振（SK）で1アウト。

3番 イエリチ 5球目を打ったセカンドゴロをセカンド菊池がエラー（4E）。二塁まで進む。1アウト二塁。

☑CHECK 天然芝のせいか、もしくは雨の影響もあったのか、名手の菊池がまさかのエラー。球がこぼれたスキにイエリチが二塁まで好走塁。

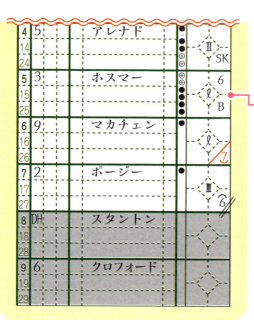

4番 アレナド フルカウントから空振り三振(SK)。2アウト二塁。

5番 ホスマー 四球で出塁(B)。2アウト一・二塁。

☑CHECK 菅野は2球空振りで追い込みながら、その後4球連続ボールで歩かせたのが痛い。

6番 マカチェン 1球目ボール。ここまで菅野は5球連続ボール。次の2球目をレフト前ヒット(7)でイエリチがホームイン。2アウト一・二塁。

7番 ポージー 2球目を打ってショートフライ(6)でチェンジ。

アメリカの攻撃 8回表の解説

8番 スタントン 空振り三振(SK)で1アウト。

9番 クロフォード ライト前ヒット(9)。1アウト一塁。

☑CHECK 7回から登板の千賀がここまで4連続三振を奪っており、初めて前に飛んだ打球がヒットになる。結果としてこのランナーが決勝点になった。

1番 キンズラー 2球ファールの後に左中間へ二塁打(78)。1アウト二・三塁。

2番 A.ジョーンズ 初球打ちでサードゴロ。サード松田が捕球をファンブルする間に三塁ランナークロフォードがホームイン。松田は一塁へ送球(5-3)して2アウト三塁。

3番 イエリチ 空振り三振(SK)でチェンジ。この8回の1点が重くのしかかった日本は以降、打開策をみつけられないまま敗戦となった。

SMBC日本シリーズ2016 第3戦
「 広島東洋カープ 対 北海道日本ハムファイターズ 」

敵地で連敗した日本ハムがむかえた本拠地での試合

　2016年日本シリーズの第3戦、**広島が本拠地で連勝**し、舞台は札幌ドームに移りました。日本ハムにとっては、この3回戦を落とすと王手をかけられて後がなくなります。しかし**勝利すれば**、**地元で一気に流れをつかむ可能性**もある大事な試合になりました。
　試合の序盤はお互いに少数得点を取り合いますが、畳みかけるほどの決定打には欠きました。そして中盤は動きがないまま、**2対1の広島の1点リードで8回をむかえます**。

チーム名	1	2	3	4	5	6	7	8	9	10	合計
広島	0	2	0	0	0	0	0	0	1	0	3
日本ハム	1	0	0	0	0	0	0	2	0	1x	4

日本ハムの攻撃 8回裏の解説

打順	シート先発	後攻 打ち方	日本ハム	背番号	8
1 / 11 / 21	7		西川	●	I ◇3-4A
2 / 12 / 22	9 / 8		近藤 陽	○	II ⑦
3 / 13 / 23	DH		大谷	●●●	↓ 4 Ⓑ
4 / 14 / 24	3		中田	●●	ℓ .7
5 / 15 / 25	8 / 9		岡		III 3-A
6 / 16 / 26	5		レアード		
7 / 17 / 27	4		田中		
8 / 18 / 28	2 / PH / 2		大野 谷口 市川		
9 / 19 / 29	6		中島	●●●●	↓ 1 4 B

9番 中島 ファウルで粘り、四球(B)を選んで出塁。

1番 西川 3球目を送りバント成功(◇3-4A)で、1アウト二塁。

2番 近藤 レフトフライ(⑦)で、2アウト二塁。

3番 大谷 敬遠四球(Ⓑ)で出塁。2アウト一・二塁。

☑ **CHECK** ここまで日本ハムの安打は4本で、そのうち2本が大谷の二塁打。当たっている大谷との勝負を避け、中田との勝負に出た。

4番 中田 3球目をたたいて左翼線ツーベース(.7)で、二塁ランナー中島と一塁ランナー大谷がホームイン。

☑ **CHECK** ここまでノーヒットとはいえ、球界を代表する打者の中田の心中は穏やかではなかったはず。2球ボールが続き、打者有利のカウントからのストライクをはじき返す。

5番 岡 ファーストゴロ(3-A)で3アウトチェンジ。この回日本ハムは貴重な2点をあげた。

POINT 先頭バッターの出塁

この試合で日本ハム9番に入ったバッターの中島は、1点が欲しい場面できっちりと仕事をこなしました。それは先頭バッターとして「どんな方法でも出塁する」ことです。追い込まれたらバットを短く持ってカット打法でファウルを量産し、10球目で四球を選んだことが、その後の得点につながりました。

その後のシリーズの流れを左右したポイント

8回に逆転され、最終回に追い込まれた広島も意地を見せました。ただし、同点に追いつくだけではなく、**ここで試合を決めておくべきだった**と振り返ることになります。一方の日本ハムは、延長10回にチャンスをむかえ、バッターは2得点した8回のときと同じ大谷。広島はサヨナラ負けを防ぐため、**再度大谷を敬遠するかそれとも勝負するのか**、究極の選択を迫られることになりました。結果的に大谷のサヨナラヒットという劇的な幕切れとなり、波に乗った**日本ハムはここから4連勝し、日本一に輝く**ことになります。

広島の攻撃 9回表の解説

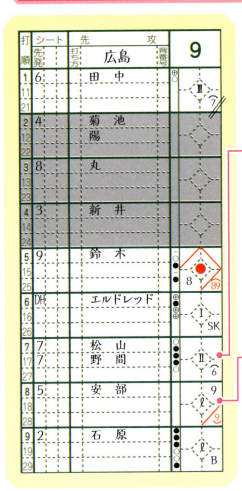

5番 鈴木 粘って右中間へスリーベースヒット(89)。

6番 エルドレッド 空振り三振(SK)で、1アウト三塁。

7番 松山 ショートフライ(6)で、2アウト三塁。

✓**CHECK** ノーアウト三塁で犠牲フライでも1点のところ、エルドレッドは三球とも空振りしての三振、つづく松山も内野フライと、もったいない攻撃だった。

8番 安部 初球をライト前ヒット(9)で三塁ランナー鈴木がホームイン。2アウト一塁。

9番 石原 四球(B)を選んで、2アウト一・二塁。

1番 田中 3球目を打ってレフトフライ(7)で3アウトチェンジ。

✓**CHECK** あと一人でゲームセットの場面で、初球から打つ安部の積極性が功を奏した見事な同点打。しかし、その後の攻撃でも追加して突き放しておきたかった。

日本ハムの攻撃 10回裏の解説

打順	シート先発	後攻 打方	日本ハム 背番号	10
1/11/21	7	西川		S 3 B
2/12/22	9/8	近藤 陽		II SK
3/13/23	DH	大谷		サヨナラ! ⑨
9/19/29	6	中島		I SK

9番 中島 空振り三振（SK）で1アウト。

1番 西川 四球（B）を選び、1アウト一塁。

2番 陽 空振り三振（SK）で、2アウト一塁。

3番 大谷 3球目に一塁ランナー西川が盗塁成功（S）。2アウト二塁。大谷は4球目をライト前ヒット（⑨）で、二塁ランナー西川がホームインしてサヨナラ勝ち。

☑**CHECK** 一塁ランナー西川の盗塁成功で、1ヒットでサヨナラ勝ちが見えてきた場面。追い詰められた広島バッテリーは大谷勝負を選んだ。

POINT データでは測れなかった大谷の一打

大谷の打席では、一塁が空いたことで敬遠の可能性もありましたが、次打者は先ほどタイムリーの中田。広島は大谷勝負を選びましたが、勝算がなかったわけではありません。1ボール2ストライクまで追い込んだバッテリーは、2016年のデータ上では「一度も安打を打っていない」かつ「三振の多い」ゾーンを決め球にしました。
しかし、その結果はサヨナラヒット。データの確率論では測れない大谷の能力を示した一打になりました。

情報提供：石橋秀幸

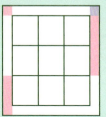
【安打を打っていないゾーン】
□ 安打　■ 凡打　■ 記録なし

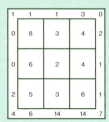
【三振しているゾーン】
数字は三振数

内角低めわずかにボールになるコースで勝負！
【安打を打っておらず、三振が多いゾーン】

コナミ日本シリーズ2013 第7戦
「読売ジャイアンツ 対 東北楽天ゴールデンイーグルス」

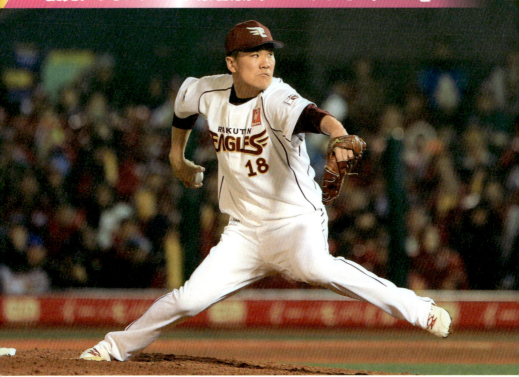

先に主導権を握った楽天が波に乗る

　球団創設9年目で初めてのリーグ優勝を果たした楽天。その後のCSも制して、初の日本シリーズに進出を果たしました。この年の楽天のシーズンの戦い方は、**エース田中将大が無敗の24連勝**という記録に支えられています。
　両チーム3勝3敗でむかえた第7戦、総力戦になるだけにどちらも先制点が欲しいところです。初回、両チームの緊張もあってか死球と失策が出ますが、それを得点に結びつけて**主導権を握ったのは楽天**でした。

チーム名	1	2	3	4	5	6	7	8	9	合計
巨人	0	0	0	0	0	0	0	0	0	0
楽天	1	1	0	1	0	0	0	0	×	3

巨人と楽天の攻撃 1回の解説

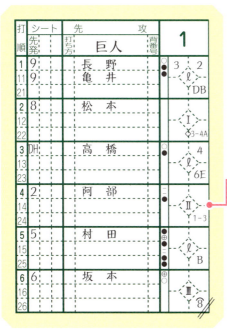

1番 長野 4球目を死球(DB)で出塁。

2番 松本 送りバント成功(◇3-4A)。1アウト二塁。

3番 高橋 ショートのエラー(6E)で出塁。二塁ランナー長野は三塁へ。1アウト一・三塁。

4番 阿部 ピッチャーゴロ(1-3)で2アウト二・三塁。

☑**CHECK** 犠牲フライでも得点できただけに、後の2アウト満塁時よりもこのときのアウトが痛い。

5番 村田 粘って四球(B)を選ぶ。2アウト満塁。

6番 坂本 センターフライ(8)で3アウトチェンジ。

1番 岡島 セカンドライナー(4̄)で1アウト。

2番 藤田 空振り三振(SK)で2アウト。

3番 銀次 死球で(DB)出塁。2アウト一塁。

4番 ジョーンズ 左中間へ二塁打(7̄8)。2アウト二・三塁。

5番 マギー ショートのエラー(6E)で出塁。三塁ランナー銀次がホームイン。2アウト一・二塁。

☑**CHECK** 両チームとも1回はショートのエラーが絡んだが、こちらはタイムリーエラーになった。

6番 中島 レフトフライ(7̄)で3アウトチェンジ。

短期決戦の最終戦は投手も惜しみなく起用

　今季最後の試合となるシリーズ最終戦だけに、リードしているチームは積極的にエース級の投手をつぎ込んでいくのも特徴です。4回にも、**9番牧田の左越ソロホーマーで3点をリードした楽天**は、先発の美馬が6回を投げて無失点。責任イニングをしっかり投げ切りました。**7回からは、則本が登板**して、安打は許しつつも2回を0に抑えます。そして3対0のままの9回、**楽天の星野監督は「投手田中」を告げます**。シリーズ最大の見せ場となり、**楽天が日本一に輝きました**。

楽天の攻撃 2回裏の解説

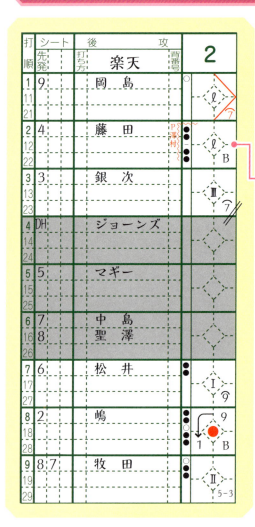

[7番 松井] ライトフライ（9）で1アウト。

[8番 嶋] 四球（B）で出塁。1アウト一塁。

[9番 牧田] サードゴロ（5-3）で2アウト二塁。

[1番 岡島] レフトオーバーの二塁打（7）。二塁ランナー嶋がホームイン。2アウト二塁。

☑CHECK　ここで巨人は早々とピッチャーを杉内から澤村にスイッチ。総力戦の気配が一気に高まる。

[2番 藤田] 四球（B）を選んで出塁。2アウト一・二塁。

[3番 銀次] レフトフライ（7）で3アウトチェンジ。

POINT
走塁の大切さ

楽天がこの回に得点できたポイントは、1番岡島の二塁打ではなく、その前の9番牧田のサードゴロで併殺を防いだ一塁ランナー嶋の好走塁にあります。併殺（ダブルプレー）であればチェンジだったところを、2アウトながらスコアリングポジションの二塁に走者を置いたことで、1ヒットが得点につながりました。

巨人の攻撃 9回表の解説

打順	シート先発	打ち方	先攻 巨人	背番号	9
5/15/25	5		村田	○-	8 7 ℓ Y ⑧
6/16/26	6		坂本	⊕⊕	I Y SK
7/17/27	7		ボウカー	●○○	II 3-A
8/18/28	3		ロペス	●●	ℓ Y ⑨
9/19/29	4 4 PH		寺内 脇谷 矢野	PH矢野 ⊕⊕-⊕	III SK

5番 村田 3球目を打ってセンター前ヒット(⑧)で出塁。

6番 坂本 空振り三振(SK)で1アウト一塁。

7番 ボウカー ファーストゴロ(3-A)で2アウト二塁。

8番 ロペス ライト前ヒット(⑨)で二塁ランナー村田は三塁へ。2アウト一・三塁。

☑**CHECK** 二塁ランナーの村田が三塁止まりで得点ならず。

9番 代打 矢野 空振り三振(SK)でゲームセット。

PART 4 コナミ日本シリーズ2013 第7戦

POINT
大きい3点差

9回の巨人の攻撃で注目したいのは、スコアリングポジションの二塁にランナーを置きながら、8番ロペスの1ヒットで得点できなかったことです。巨人サイドは、二塁ランナーの村田に代走という案もあったのですが、3点差を見てあえて勝負せずに我慢したともいえます。
一方2安打されている楽天の田中は、3点の余裕があるので長打さえ打たれなければ大丈夫(最悪3失点でも同点)という気持ちで投げていました。

2013年 ワールドシリーズ 第6戦
「 カージナルス 対 レッドソックス 」

日本人投手が終盤の継投で抑えて世界一に貢献

　2013年のワールドシリーズは、カージナルスとレッドソックスの戦いになりました。レッドソックスが3勝2敗で本拠地(フェンウェイ・パーク)に戻って、世界一に王手をかけた試合です。

　試合の流れは3回、強打のレッドソックスから動き始めました。1アウトの段階で強打者のオルティーズを敬遠して塁を埋め、後続を打ち取るというカージナルスの作戦は見事にはまったかに見えました。

チーム名	1	2	3	4	5	6	7	8	9	合計
カージナルス	0	0	0	0	0	0	1	0	0	1
レッドソックス	0	0	3	3	0	0	0	0	×	6

レッドソックスの攻撃 3回裏の解説

打順	シート先発	後攻打ち方 レッドソックス	背番号	3
1 11 21	8	エルズベリー		5 2 / 6 9
2 12 22	4	ペドロイア		I 5-3
3 13 23	DH	オルティーズ		5 / 6 Ⓑ
4 14 24	3	ナポリ		II SK
5 15 25	7	ゴームズ		6 DB
6 16 26	9	ビクトリーノ		ℓ / 7
7 17 27	5	ボガーツ		III 5
8	6	ドリュー		

1番 エルズベリー 3球目を打ってライト前ヒット（⑨）で出塁。

2番 ペドロイア サードゴロ（5-3）で1アウト二塁。

3番 オルティーズ 敬遠四球（Ⓑ）で出塁。1アウト一・二塁。

4番 ナポリ 空振り三振（SK）で2アウト一・二塁。

✅**CHECK** オルティーズを敬遠で歩かせ、4番ナポリをアウトにしたまではカージナルスの計算通り。

5番 ゴームズ 3球目を死球（DB）で2アウト満塁。

6番 ビクトリーノ レフトフェンス直撃の二塁打（⑦）。満塁の3走者がすべてホームイン。2アウト三塁。

✅**CHECK** フェンウェイ・パーク名物の左翼フェンス「グリーンモンスター」をあと少しで越えるかという、走者一掃の貴重な二塁打になった。

7番 ボガーツ サードライナー（⑤）で3アウトチェンジ。

POINT
スタジアムに後押しされたビクトリーノ

カージナルスとしては、5番ゴームズへの死球が痛手になりました。なぜなら6番のビクトリーノは、ここまで10打数ノーヒットだったものの、前年のポストシーズンで満塁ホームランを打っていたのです。そのシーンをもう一度という声援がスタジアムを包み、結果彼の走者一掃の二塁打を後押ししました。

分業制で勝利の方程式を確立したレッドソックス

　3回に3点を奪われたカージナルスとしては、**これ以上追加点は許されない状態です**。なぜなら、この年のレッドソックスは、**田澤純一を含む中継ぎ(セットアッパー)と上原浩治という抑え(ストッパー)で充実**しており、回が進むごとに大量得点できる確率が減っていくと予想されたからです。

　そのなかでも、**上原浩治の活躍はすさまじく、防御率が1.09、WHIP(→P141)にいたっては0.57というメジャーの記録**を打ち立てるほどでした。

レッドソックスの攻撃 4回裏の解説

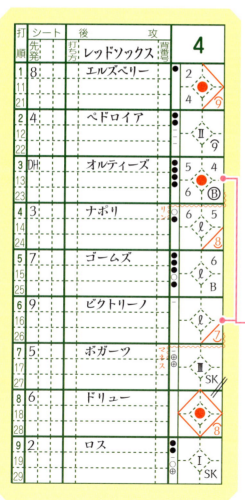

8番 **ドリュー**　初球を**センターオーバーの本塁打(⑧)**。

9番 **ロス**　空振り三振(SK)で1アウト。

1番 **エルズベリー**　2球目を打って**ライトオーバーの二塁打(⑨)**。1アウト二塁。

2番 **ペドロイア**　ライトフライ(⑨)でエルズベリーがタッチアップして2アウト三塁。

3番 **オルティーズ**　敬遠四球(Ⓑ)で出塁。2アウト一・三塁。ピッチャーワカからリンに交代。

4番 **ナポリ**　**センター前ヒット(⑧)**で三塁ランナーのエルズベリーがホームイン。2アウト一・二塁。

5番 **ゴームズ**　四球(B)で2アウト満塁。

☑**CHECK**　3番のオルティーズ敬遠、満塁で6番のビクトリーノと、3回と状況がまったく同じシーンをむかえる。

6番 **ビクトリーノ**　**レフト前ヒット(⑦)**で三塁ランナーのオルティーズがホームイン。2アウト満塁。ピッチャー、リンからマネスに交代。

7番 **ボガーツ**　空振り三振(SK)で3アウトチェンジ。

カージナルスの攻撃 7回と9回表の解説

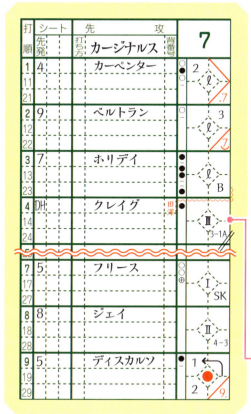

7番 フリース 空振り三振(SK)で1アウト。

8番 ジェイ セカンドゴロ（4-3）で2アウト。

9番 ディスカルソ 3球目をライト線にヒット(9)。2アウト一塁。

1番 カーペンター 5球目をレフト線に二塁打(.7)。2アウト二・三塁。

2番 ベルトラン レフト前ヒット(7)で三塁ランナーのディスカルソがホームイン。二塁ランナーカーペンターは三塁へ。2アウト一・三塁。

3番 ホリデイ 四球(B)で2アウト満塁。ここで、ピッチャー、ラッキーから田澤に交代。

4番 クレイグ ファーストゴロ、ベースカバーの投手へ（3-1A）で3アウトチェンジ。

✓CHECK 6点リードのレッドソックスには、多少連打されても逃げ切れるという自信があった。

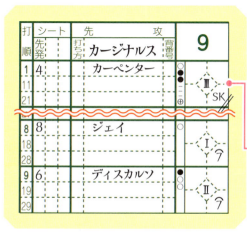

8番 ジェイ ピッチャー上原。レフトフライ(7)で1アウト。

9番 ディスカルソ レフトフライ(7)で2アウト。

1番 カーペンター ファウルで粘ったが、最後は空振り三振(SK)でゲームセット。

✓CHECK 注目すべきは、この回ボール球を3球しか投げていない上原の制球力。このコントロールの良さが、レッドソックスを世界一に導いた。

SMBC日本シリーズ2014 第4戦
「阪神タイガース 対 福岡ソフトバンクホークス」

立ち上がりを攻め立てたソフトバンク

　全部で7戦ある**日本シリーズの中間に当たる第4戦**。この4戦目を勝ち越しか負け越しで迎えるのかによっても、戦う意識はかなり違ってきます。2014年は、**ソフトバンクが2勝1敗と勝ち越し、本拠地で有利に迎える**ことになりました。

　ソフトバンク打線は、阪神のピッチャー岩田を初回から攻め立てました。どんなピッチャーでも**立ち上がりは不安定**になりやすく、その後岩田が無失点に抑えたことから見ても、**初回に2点奪えたのは大きな意味を持ちました**。

チーム名	1	2	3	4	5	6	7	8	9	10	合計
阪神	0	0	2	0	0	0	0	0	0	0	2
ソフトバンク	2	0	0	0	0	0	0	0	0	3x	5

ソフトバンクの攻撃 1回裏の解説

| 1番 柳田 | 5球目を打ってレフト線を破る二塁打(.7)。

| 2番 明石 | ピッチャー前に送りバント。ピッチャー岩田が三塁へ送球しセーフ(◇1FC5)。ノーアウトー・三塁。

✅ **CHECK** 一塁送球で確実にアウトという考え方もあるが、回が浅いこともあって思い切って三塁送球で勝負した。

| 3番 内川 | 敬遠気味の四球(B)で出塁。ノーアウト満塁。

| 4番 李 | 空振り三振(SK)で1アウト満塁。

| 5番 松田 | レフト前ヒット(7)で柳田と明石がホームインで2得点。1アウトー・二塁。

| 6番 中村 | センター前ヒット(8)で二塁ランナー内川が本塁をねらうもタッチアウト。2アウトー・二塁。

| 7番 吉村 | 見送り三振(K)で3アウトチェンジ。

POINT
タッチアウトの効果

この回、ソフトバンクに大きく傾きかけた流れを止めたのは、阪神センター大和の本塁好返球でした。タッチプレーのなかでも特に本塁でのタッチアウトは、チームの士気を一気に高め、逆に相手チームに大きなダメージを与えることができます。

膠着状態をくずすのは、失策か一発

　3回に阪神が2点を奪い、<u>同点になってからは試合が動かなくなります</u>。阪神岩田は7回まで粘投し、一方のソフトバンクは早い回からの継投策でお互い譲らず、<u>2対2のまま延長戦に突入しました</u>。このような膠着した試合が動き出すきっかけとなるプレーは<u>失策と一発（ホームラン）</u>の2つです。そして10回裏、阪神に失策が出てしまい、結果ソフトバンク中村のサヨナラ3ランを呼び込むこととなったのです。

阪神の攻撃 3回表の解説

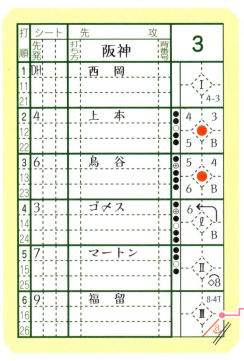

1番 西岡 セカンドゴロ（4-3）で1アウト。

2番 上本 四球（B）を選んで出塁。1アウト一塁。

3番 鳥谷 連続四球（B）で1アウト一・二塁。

4番 ゴメス 3連続四球（B）で1アウト満塁。

5番 マートン センター犠牲フライ（◇8）で三塁ランナー上本ホームイン。2アウト一・三塁。

6番 福留 <u>センター前ヒット（8）</u>で三塁ランナー鳥谷ホームイン。福留は二塁をねらうがタッチアウト（8-4T）で3アウトチェンジ。

☑CHECK 本塁に目が向きやすい場面でも、福留を二塁で刺したソフトバンクの冷静な守りが流れを止めた。

POINT 同じパターンは2度通用しない

ソフトバンクのピッチャー中田は、この回3連続四球を与えていますが、実は初回にもまったく同じように3連続四球を与えていました。初回では、一発を防ぐために丁寧にコースを突いた結果であり、結果的に無失点で抑えましたが、同じパターンは頂上決戦で2度は通用せず、2点を奪われてしまいました。

阪神とソフトバンクの攻撃 10回の解説

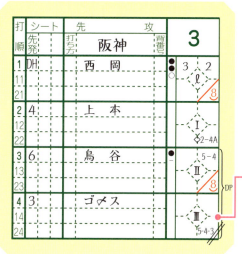

1番 西岡 4球目を打ってセンター前ヒット（⑧）で出塁。

2番 上本 送りバント成功（◇2-4A）。1アウト二塁。

3番 鳥谷 センター前ヒット（⑧）で1アウト一・三塁。

4番 ゴメス サードゴロでダブルプレー（5-4-3）。3アウトチェンジ。

CHECK 犠牲フライでも1点だっただけに、併殺で無得点という最悪の結果に。

2番 明石 四球（B）で出塁。

3番 内川 ファーストファウルフライ（3F）で1アウト一塁。

4番 本多 送りバントをキャッチャーが二塁送球してセーフ（◇2FC6）。1アウト一・二塁。

CHECK 記録上でエラーはつかないが、1点を奪われたらサヨナラの場面でのフィルダースチョイス（FC）は痛い。ピッチャー安藤から守護神の呉に交代。

5番 松田 セカンドフライ（④）で2アウト・二塁。

6番 中村 ライトオーバーのサヨナラ3ラン（⑨）でゲームセット。

CHECK 中村は1ボールの後、3球連続でファールしてタイミングが合ってきた。力で抑えにいった呉よりも中村の思い切りの良さが勝り、サヨナラにつながった。

2013年 WBC 二次ラウンド
「日本 対 台湾」

探り合いから終盤に仕かけた日本

試合が動き始めたのは打順が一巡したあたりの3回、台湾9番の郭嚴文の右中間二塁打がきっかけとなりました。そのまま**台湾が3回と5回に得点して、リードを広げていきます**が、いまだ様子の探り合いという印象も強い試合でした。

試合のヤマは8回以降に訪れました。日本は井端・内川の連打をきっかけに2点をとって追いつきます。しかしその裏に台湾に逆転され、日本は9回2アウトまで追い込まれます。ここで大胆にも**一塁ランナー鳥谷が二盗を仕かけ、成功**。ここから井端の同点打。10回にも追加点を奪って**日本が勝利**をもぎとりました。

チーム名	1	2	3	4	5	6	7	8	9	10	合計
日本	0	0	0	0	0	0	0	2	1	1	4
台湾	0	0	1	0	1	0	0	1	0	0	3

日本の攻撃 8回表の解説

2番 井端 追い込まれながら5球目を打って**センター前ヒット**(⑧)。

3番 内川 **ライト前ヒット**(⑨)で井端は三塁へ進塁。ノーアウト一・三塁。

☑**CHECK** 併殺を避けるためセオリー通りの流し打ちを成功させ、井端を三進させる大きなプレーでピッチャーを交代させた。

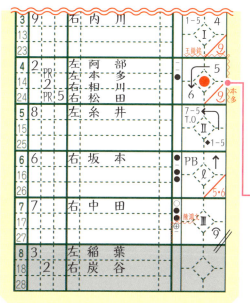

4番 阿部 ライト前ヒット（9）で井端ホームイン。内川は二塁へ進む。阿部の代走に本多が入る。

5番 糸井 初球に送りバントしたが失敗。三塁で内川フォースアウト（◆1-5）。1アウト一・二塁。

6番 坂本 三遊間を抜くヒット（5・6）で二塁ランナーの本多がホームイン。糸井が三塁タッチアウトの間に坂本は二進。2アウト二塁。

☑CHECK 糸井の送りバント失敗で一度流れを止めた日本が、坂本のヒットで再度引き寄せる。阿部の代走に俊足の本多が入っていたことが得点につながった。

7番 中田 捕逸で坂本が三塁へ進む。ピッチャー交代。6球目を打ってライトフライ（9）でチェンジ。

日本の攻撃 9回表の解説

8回の2得点で同点に追いついた日本だが、その裏の台湾の攻撃で、林智勝のあわやホームランかという二塁打を含む三連打（1失点）を浴びて再逆転される。日本は絶体絶命の9回をむかえる。

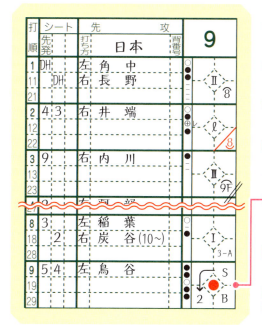

8番 稲葉 ファーストゴロ（3-A）で1アウト。

9番 鳥谷 フォアボール（B）を選んで1アウト一塁。

1番 長野 ファウルで粘ったがセンターフライ（8）で2アウト。

2番 井端 3球目に一塁ランナー鳥谷が二盗成功（S）。5球目を打ってセンター前ヒット（8）。鳥谷がホームイン。

☑CHECK 9回2アウトからの鳥谷の二盗は見事。この二盗があったからこそ、井端のヒットのワンチャンスで同点に追いついた。

3番 内川 ライトファウルフライ（9F）でチェンジ。

☑CHECK 10回にも中田の犠牲フライで追加点を奪った日本が薄氷の勝利を得た。

SMBC日本シリーズ2015 第1戦
「東京ヤクルトスワローズ 対 福岡ソフトバンクホークス」

重苦しい展開を一発で打破したSB

2015年の日本シリーズは、戦力的に**ヤクルトよりもソフトバンク(SB)が圧倒的有利**とされていました。しかし内川が骨折で欠場になったことで勝負の行方がわからなくなりました。試合が始まってもSBには重苦しさが漂い、**0対0のまま序盤が過ぎていきます**。こうした展開を打破したのは、**元気男松田の一発**でした。松田のパフォーマンスを起爆剤としたSBは、**そのまま日本一まで駆け上がる**ことになります。

チーム名	1	2	3	4	5	6	7	8	9	10	合計
ヤクルト	0	0	0	0	0	0	0	0	0	2	2
ソフトバンク	0	0	0	3	0	1	0	0	0	×	4

ソフトバンクの攻撃 4回裏の解説

4番 李) 4球目を打ってサードフライ(⑤)で1アウト。

5番 松田) 4球目を**左翼スタンドにホームラン**(⑦)。

✓CHECK 松田の一発により勢いづいたソフトバンクは、この回日本シリーズではめったに見られない6連打で4得点の猛攻となった。

6番 中村) 4球目を打って**レフト前ヒット**(⑦)で1アウト一塁。

| 7番 吉村 | 2球目を打ってサード内野安打(⑤)で1アウト一・二塁。 |

| 8番 今宮 | センター前ヒット(⑧)で二塁ランナー中村が本塁タッチアウト。二塁ランナー吉村は三塁へ。2アウト一・三塁。 |

| 9番 高谷 | 三塁線の内野安打(⑤)で三塁ランナー吉村がホームイン。2アウト一・二塁。 |

| 1番 川島 | センター前ヒット(⑧)で二塁ランナー今宮がホームイン。2アウト一・二塁。 |

| 2番 明石 | フルカウントからレフトフライ(⑦)で3アウトチェンジ。 |

ヤクルトの攻撃 9回表の解説

| 1番 松元 | ショートライナー(⑥)で1アウト。 |

| 2番 川端 | ショートのエラー(6E)で出塁。1アウト一塁。 |

| 3番 山田 | ライトフライ(⑨)で2アウト一塁。 |

| 4番 畠山 | 5球目を左翼スタンドにホームラン(⑦)。2得点。 |

| 5番 雄平 | 3球目を打ってセカンドゴロ(4-3)でゲームセット。 |

POINT
SBが投打で圧倒

SBの15安打に対し、ヤクルトは武田に散発の4安打で完投を許しています。松田の「内川さんの思いをもって、みんながひとつになれた」というコメントにあるように、投打で圧倒したSBは、内川不在をチームの結束に変えて勢いづきました。

1998年 夏の甲子園 準々決勝
「 横浜 対 PL学園 」

17イニング250球を投げぬいた松坂投手

　1998年の横浜とPL学園の試合は、高校野球の歴史に残る名勝負です。松坂率いる横浜は、この戦いを勝利して春夏連覇を達成しますが、春夏を通しても松坂の先発試合で**横浜がここまで苦しめられたのはPL学園のみ**でしょう。

　試合のポイントはいくつもありますが、まずは両チームの**バント処理のしかたに注目して、チームとしての戦い方の違い**を見ていきましょう。

チーム名	1	2	3	4	5	6	7	8	9	17	合計
横浜	0	0	0	2	2	0	0	1	0	2	9
PL学園	0	3	0	1	0	0	1	0	0	0	7

PL学園の攻撃 2回裏の解説

PART 4 1998年 夏の甲子園 準々決勝

打順	シート 先発	打ち方	後攻 PL学園	背番号	2
1 11 21	7		田　中（一）		◇ 2 ℓ Y ⑧
2 12 22	9 PH・9		井　関 平　石		◇ ℓ Y ①
3 13 23	6		本　橋		◇ Ⅲ Y ⑨
4 14 24	5		古　畑		◇ Y
5 15 25	8		大　西		7 6 8 Y ⑧
6 16 26	3		三　垣		7 9 ◇1FC6
7 17 27	2 2		石　橋 田　中（雅）		Ⅰ Y ◇2-4A
8 18 28	1 1		稲　田 上　重		Ⅱ Y ◇⑧
9 19 29	4		松　丸		BK 1 Y ⑧

5番 大西 センター前ヒット（⑧）で出塁。

6番 三垣 送りバントをピッチャーがセカンド送球してセーフ（◇1FC6）。ノーアウトー・二塁。

☑**CHECK** フィールディングに定評のある松坂が二塁フォースアウトをねらうが、わずかに間に合わずセーフ。ここから試合が動く。

7番 石橋 送りバント（◇2-4A）で1アウト二・三塁。

8番 稲田 センターへの犠牲フライ（◇⑧）で三塁ランナー大西がホームイン。2アウト二塁。

9番 松丸 センター越えの二塁打（⑧）で二塁ランナー三垣がホームイン。2アウト二塁。

1番 田中（一） ボーク（BK）で二塁ランナーが三進。田中センター前ヒット（⑧）で三塁ランナー松丸がホームイン。2アウト一塁。

2番 井関 ピッチャー返しの内野安打（①）で出塁。2アウト一・二塁。

3番 本橋 ライトフライ（⑨）で3アウトチェンジ。

☑**CHECK** この大会ここまで25イニング連続無失点だった松坂がまさかの3失点。フィルダースチョイスからボーク、被安打4と、リズムの狂いが見られる。

POINT 「攻めの守り」と「堅実な守り」

この試合、横浜とPL学園の送りバントはどちらも4度（松坂のFCは除く）ありました。しかし一塁にベースカバーに入る選手は、横浜は二塁手で、PL学園は一塁手と違います。これが意味するものは、横浜は相手の送りバントに対して、一・三塁手が猛然とダッシュし、「あわよくば二塁で刺す」という「攻めの守り」をする野球だったことです（そのため二塁手がベースカバーに入る）。一方のPL学園は、「堅実な守り」で、しっかり一塁手が一塁ベースで送球を受けてアウトにする野球でした。

1点ずつ取り合い、決め手に欠けたまま17回へ

　PL学園は2回以降、松坂から1点ずつを奪うことはできたものの、**2点以上は取ることができません**。その間に横浜は着実に点を取り、**5対5で延長へ**。その後も1点ずつを取り合うという**シーソーゲーム**になりました。

　延長戦は、**1点を取ればサヨナラ勝ちできる後攻が有利**と言われています。しかし先行でも有利になる形があります。それは**2点以上取って相手にプレッシャーをかけながら最後の回を守り切る**という戦い方です。

チーム名		10	11	12	13	14	15	16	17	合計
横浜		0	1	0	0	0	0	1	2	9
PL学園		0	1	0	0	0	0	1	0	7

横浜とPL学園の攻撃 16回の解説

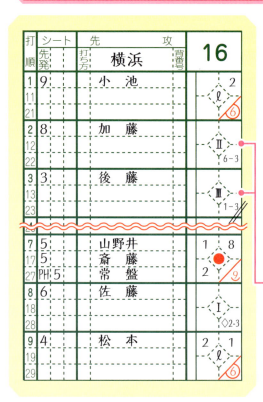

7番 常盤 ライト前ヒット(⑨)で出塁。

8番 佐藤 送りバント成功(◇2-3)で、1アウト二塁。

9番 松本 ショート後方へのポテンヒット(⑥)で、1アウト一・二塁。

1番 小池 ショート内野安打(⑥)で、1アウト満塁。

2番 加藤 ショートゴロ(6-3)の間に三塁ランナー常盤がホームイン。2アウト二・三塁。

3番 後藤 ピッチャーゴロ(1-3)で3アウトチェンジ。

☑ **CHECK** 送りバント成功と内野安打などで1アウト満塁のチャンスだったが、そこから1点止まりが痛い。PL学園を突き放すことができなかった。

1998年 夏の甲子園 準々決勝

打順	シート先発	後攻 打ち方	PL学園	背番号	16
1 / 11 / 21	7		田　中（一）		WP 2 3 7
2 / 12 / 22	9 / PH 9		井　関 / 平　石		I ◇1-4A
3 / 13 / 23	6		本　橋		II Y 6-3
4 / 14 / 24	5		古　畑		III Y 5-3

1番 田中（一） レフト前ヒット（7）で出塁。

2番 平石 送りバント成功（◇1-4A）で、1アウト二塁。

3番 本橋 ピッチャーの暴投（WP）で二塁ランナー田中が三進。本橋がショートゴロ（6-3）の間にホームイン。

4番 古畑 サードゴロ（5-3）で3アウトチェンジ。

✓CHECK ヒットからの送りバント、ショートゴロの間に得点と、両チームでまったく同じ流れで1点ずつ取り合う。

横浜の攻撃 17回表の解説

打順	シート先発	先攻 打ち方	横浜	背番号	17
4 / 14 / 24	1		松　坂		I 2F
5 / 15 / 25	2		小　山		ファインプレー II 7
6 / 16 / 26	7 / 7		堀 / 柴		7 6E-3
7 / 17 / 27	5 / 5 / PH 5		山野井 / 斎　藤 / 常　盤		◇ Y 89
8 / 18 / 28	6		佐　藤		III Y 3A

4番 松坂 キャッチャーファウルフライ（2F）で1アウト。

5番 小山 レフトフライ（7）で2アウト（ファインプレー）。

6番 柴 ショートゴロ（6E-3）を送球エラーで出塁。

7番 常盤 右中間へホームラン（89）。

8番 佐藤 ファーストゴロ（3A）で3アウトチェンジ。

POINT

3時間37分の試合を決定づける大きな2点

2アウトからのPL学園の失策と本塁打での2点は、試合を決定づける得点となりました。一方、この日の横浜の野手は失策ゼロです。延長での失策は、ひとつであればまだ取り返しがつきますが、そこに一発が絡むと大きなダメージになります。

2017年 夏の甲子園 第1回戦
「広陵 対 中京大中京」

投手交代のポイントを改めて考えさせられた試合

　高校野球を代表するような名門校同士の対戦で、お互いによく鍛えこまれているという印象を与えてくれました。しかし、そんな修練度の高いチーム同士でも、試合の中で、**一つのポイントによって流れそのものが大きく変わっていくという典型的な試合**になりました。そのポイントとは、**投手交代のタイミング**です。
　序盤は両投手の投げ合いにより、5回が終わった時点で広陵0-2中京大中京と、まだまだわからない状態でしたが、**6回以降の展開はまるで別の試合**になったかのように乱打戦が始まります。

チーム名	1	2	3	4	5	6	7	8	9	合計
広陵	0	0	0	0	0	3	3	4	0	10
中京大中京	0	0	2	0	0	0	0	1	3	6

広陵の攻撃 6回表の解説

打順	シート 先発	打ち方	先　　攻 広陵	背番号	6
1 11 21	6	▲	高　田（桐）		
2 12 22	8 PH 8	▲	谷　口 佐　藤（勇）		I SK
3 13 23	2		中　村（奨）	香村	● 89
4 14 24	7		加　川		● 5 9.
5 15 25	9		高　田（誠）		S 6 7
6 16 26	3 1 3	△	大　橋 森 丸　山	伊藤(稜)	ℓ 8
7 17 27	4	▲	吉　岡		II 6
8 18 28	5		松　岡		III 9
9 19 29	1 PH 13 1	△	平　元 村　上 山　本		

2番 代打 佐藤（勇） フルカウントまで粘ったが空振り三振（SK）。ここでピッチャー磯村から香村に交代。

✓**CHECK** 中京は、80球を越えて球威がなくなってきた左の磯村から右の香村にスパッとピッチャー交代。地区大会からこの方程式で戦っており、迷いはなかった。

3番 中村(奨) フルカウントまで粘って右中間へのホームラン（89）。

4番 加川 ライト線への二塁打（9.）。1アウト二塁。

5番 高田(誠) 初球打ちでレフト前ヒット（7）。二塁ランナー加川がホームインする間に二進。1アウト二塁。ここでピッチャー香村から伊藤(稜)に交代。

✓**CHECK** 1アウトも取れないまま香村が降板。結果論ではあるが、ピッチャー交代から広陵の猛攻が始まってしまった。

6番 大橋 初球に二塁ランナー高田（誠）が三盗成功（S）。大橋はセンター前ヒット（8）で三塁ランナー高田(誠)がホームイン。1アウト一塁。

7番 吉岡 ショートフライ（6）で2アウト一塁。

8番 松岡 ライトフライ（9）で3アウトチェンジ。

POINT 6回から変わりやすい、高校野球

高校野球では、5回を終えた時点でグラウンド整備が入ることが多く、試合が止まっている間にチームで簡単なミーティングが行えます。また、先発投手の球威が6回あたりから落ちてくることも多いので、継投策を含め、6回以降のチームとしての戦い方が重要になるのです。

継投策の見極めが近代野球のカギ

近代野球の戦い方として継投策は定着しています。多くのチームは「**勝利の方程式**」として、**先発、中継ぎ、抑え**で勝ちパターンを作って試合に臨んでいますが、その方程式と試合の流れをどう読んで見極めていくかは、指揮官の永遠のテーマになります。

広陵の怒涛の攻撃に、中京大中京は最終回で一矢報いますが、**得点差が開きすぎて時すでに遅しという感が残った試合**でした。

広陵の攻撃 8回表の解説

7番 吉岡 ファーストゴロ（3-A）で1アウト。

8番 松岡 フォアボール（B）で出塁。1アウト一塁。

9番 山本 5球目に一塁ランナー松岡が二盗成功（S）。山本はライト前ヒット（9）で1アウト一・三塁。

1番 高田(桐) 一・二塁間を抜くヒット（4･3）。三塁ランナー松岡がホームイン。1アウトランナー一・三塁。

2番 佐藤(勇) センターに犠牲フライ（◇8）。三塁ランナー山本がホームイン。2アウト一塁。

3番 中村(奨) ライトオーバーのホームラン（9）。ピッチャー伊藤(稜)から浦野に交代。

4番 加川 レフト前ヒット（7）で2アウト一塁。

5番 高田(誠) ショートのエラー（6E）で出塁。2アウト一・二塁。

6番 大橋 空振り三振（SK）で3アウトチェンジ。

☑**CHECK** 打者一巡の猛攻で、4点を追加した広陵。5回まで無得点だったが、6回以降に10点を奪った。

中京大中京の攻撃 9回裏の解説

3番 澤井 ショートフライ（6）で1アウト。ここでピッチャー山本から森に交代。山本はファーストに入る。

4番 鵜飼 センター前ヒット（8）で出塁。1アウト一塁。

5番 諸橋 サード横を抜く二塁打（5）。一塁ランナー鵜飼がホームイン。1アウト二塁。

6番 谷村 死球（DB）で出塁。1アウト一・二塁。

7番 鈴村 四球（B）で1アウト満塁。ここでピッチャー森から山本へ交代。

✅**CHECK** 森と山本の波線（〰）の間を見ると、1アウトもとれず、ヒットや得点で真っ赤に埋まっていることがわかる。

8番 関岡 空振り三振（SK）で2アウト満塁。

9番 浦野 四球（B）で三塁ランナー諸橋がホームイン。2アウト満塁。

1番 伊藤(康) 一・二塁間を抜くヒット（4・3）で、三塁ランナー谷村がホームインでこの回3点目。

2番 小河原 セカンドゴロ（4-3）で3アウト。ゲームセット。

POINT　ベンチに下げずに待機

この回、広陵のピッチャーは山本→森→山本となっています。広陵は残り2アウトを森に任せましたが、乱調で1アウトも取れずに再度山本と交代になりました。不測の事態に備えて山本を下げずにファーストに置いておいたことで、この継投ができた、広陵ベンチのファインプレーでした。

山本がピッチャー→ファースト→ピッチャーと交代したことを表す。

2017年 夏の甲子園 第1回戦

COLUMN

［ スコアブックも
パソコンでデジタル化 ］

　スコアブックは、球場で実際に試合を観戦しながら記入していくので、手書きで記入していくことが一般的です。しかし、時代の流れでしょうか、パソコンのキーボードで打ち込んでゆけば、試合後にクリックひとつで集計などをあっという間に計算してくれる、スコアブックのソフトなども開発されています。特に、大学野球のリーグ戦などでは、ベンチで手書きでスコアをつけているベンチマネージャーとは別に、スタンドでもうひとりのマネージャーがパソコンにデータを打ち込んでいる光景をよく見かけるようになりました。

　こんなシーンもデジタル化時代ともいえるのでしょう。パソコンで打ち込んでいけば、その後のデータ処理は簡単にできますし、打撃傾向や記録の整理などまで自動でやってくれるソフトもあります。

　ただし、数字だけでは表せない、その試合の緊張感や試合の流れのようなものは、手書きのスコアブックでしか表現できないものです。時代が流れても、やはりスコアブックの基本は、手書きでアナログ的に試合を追いかけていくことになるでしょう。そのためにも、スコアブックの正確なつけ方をマスターしておくことが、野球を理解するためにも大事なことになるのです。

スポーツ記者の場合、基本は手書きでスコアブックを記入するが、パソコンを併用して情報を整理したり、速報を送信したりもしている。

PART 5
スコアブックの記録を整理する

スコアブックを活用するには、1試合ごとに整理してデータを蓄積していくことが大切です。選手やチームの特徴など、見た目ではわからない発見があるでしょう。

Chapter 1　公式記録と記録の整理

発表された公式記録が最終基準となる

　アマチュア野球でも、県や全国レベルの公式戦であれば、試合後には**大会本部から公式記録が発表されます**。一方、市や地区レベルの大会だと、運営団体の規模によって配布の有無が変わり、草野球レベルの大会では配布されないことが多いでしょう。

　特に草野球のリーグ戦では、大会本部にそれぞれのチームが**自己申告制**でスコアブックを提出します。本部は2チームの記録を照合して異なる記載があった場合、2チームの話し合いで記録を統一するように調整します。いずれにしても、**公式記録がその試合の最終判断**となり、**大会の通算記録**などを算出していきます。

発表された公式記録が最終基準となる

配布される公式記録は、高校野球を例にしても県ごとに記入方法が異なる。ただし、基本的な記入方法にそれほど特別な形式はないので、心配することはない。

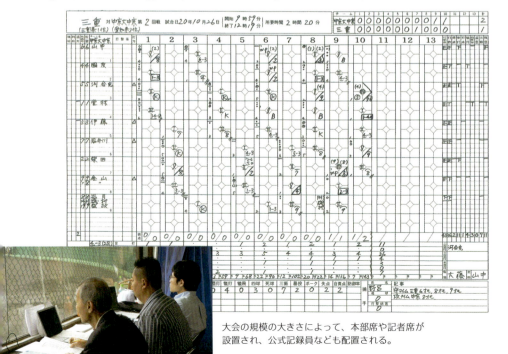

大会の規模の大きさによって、本部席や記者席が
設置され、公式記録員なども配置される。

記録の整理も大事な仕事と認識する

　野球のチームは試合に出場している9人だけではありません。代打やリリーフなど控え選手の存在も大事ですし、それと同じくらい大切なのが、**スコアブックを担当するマネージャーや主務**をしている人たちの存在です。練習試合の記録もすべて整理して、それを発表することで、選手たちの**意識**や、**やる気**（モチベーション）を上げていくのです。

　記録を「つける」だけではなく「整理する」ことの意味は、そこから導き出される数値に対して、選手それぞれが**自分の現在の力量を知り**、さらに**今後の明確な目標値を決められる**ことにあるのです。

記録を整理することの意味

スコアブックの整理をして具体的な数字を出すことで、チームや選手それぞれが、その試合を反省し、今後の目標を決めることができる。

個人記録とチームプレー

スコアブックをつけていくことで、記録を意識するようになると、対象となるその試合の記録だけでなく、自分たちが参加している大会の記録や他チームの選手の記録も気になるようになります。野球は1球、1打席ごとの勝負であるとともに、トータルの結果で判断される競技なのです。

ただし、個人記録を意識しすぎてチームプレーをおろそかにすると、チームとして「勝利する」という目的を見失うことになってしまうので、注意も必要です。

記録を意識することは大切だが、送りバントのサインを無視するなど、チームプレーを壊してはいけない。

Chapter 2 勝利投手と敗戦投手の条件

試合の責任投手という考え方でつけられた記録

　野球ではよく**「責任投手」**という言葉が使われ、具体的には**勝利投手**と**敗戦投手**を指します。勝ち負けに対する試合の責任が、その投手が投げているときにあったということを示すものです。

　勝利投手や敗戦投手に意識が集まるのは、やはり**野球の試合では、勝敗に投手の占める比重が大きい**からです。「試合を作る、壊す」などという言葉も、投手だけに使われる言葉です。

　また、得点を失う**「失点」**と、自分の責任で点を失う**「自責点」**の違いについてもしっかりと学んでおきましょう。

失点と自責点

失点とは奪われたあらゆる得点のこと。自責点とは投手が責任をもたなければならない、奪われた得点のこと。

自責点に含まれるプレー

　安打、犠打、四死球、盗塁、野選(フィルダースチョイス)、ゴロや飛球による刺殺の間に得点を許した場面。また、ボークや暴投(ワイルドピッチ)が絡んだ得点も対象になる。

自責点に含まれないプレー

　アウトにできる守備機会をアウトにできず、その走者が得点した場合。特に2アウトの場面で失策があり、それ以降打たれたとしても、失策がなければチェンジになっていたのだから、自責点にはならない。

捕手の捕逸(後逸)は自責点の対象にならないが、暴投は投手の責任なので自責点に含まれる。

勝利投手と敗戦投手の条件

勝利投手と敗戦投手の分かれ目は5回が終わった時点がポイントになるが、それ以外にもいくつか条件があることに注意。

勝利投手

条件1 先発投手が5回を投げ切り、リードしたまま交代したとき（同点では権利がない）、先発投手に権利がある。5回コールドゲームの場合は4回を投げ切ることが条件になる。

条件2 先発投手が5回を投げ切っての交代時、同点または負けていたが、救援投手（リリーフ）が投げているときに逆転したとき、その救援投手に権利がある。

条件3 先発投手が5回持たずに交代したとき、救援投手が投げている間に逆転すれば、その救援投手に権利がある。ただし、2番手のピッチャーが1イニング投げた後に逆転し、3番手が4～5イニングなどのロングリリーフをして勝った場合、「勝利にもっとも貢献した投手」として記録員の判断で3番手の投手に勝利の権利を与えることがある。

※いずれの場合も、勝利の権利を持った投手の後の投手が、同点もしくは逆転された場合は、すべて白紙に戻される。

敗戦投手

条件1 先発投手がリードされたまま降板し、その後、同点や逆転することなく試合が終了した場合、先発投手に敗戦の記録がつく。

条件2 リードしている状況で救援投手（リリーフ）が逆転され、そのまま負けた場合、投球イニングに関わらず、救援投手に敗戦の記録がつく。

条件3 イニング途中での投手交代の場合、「最後にリードを許すことになった走者を出した投手」に敗戦の記録がつく。つまり、同点の場面で1イニングに3人の投手が出て1失点し、そのまま負けた場合、その1失点した走者を出した投手に敗戦の責任がある。

先発なら「勝利」、救援投手の中でも中継ぎなら「ホールド」、抑え投手なら「セーブ」の獲得を目指す。ホールドとセーブについては「セーブとホールドの条件」（→P128・P129）を参照のこと。

Chapter 3 セーブとホールドの条件

投手の分業制が進んだ近代野球

　野球の投手は、**かつては「先発完投」**が普通で、何点取られてもひとりで投げ抜いていくというものでした。しかし**近代野球では、何人かの投手を巧みにつないでいく「分業制」**になりました。

　投手は、基本的に**先発**と**中継ぎ**、**抑え**に分かれています。簡単にいえば、先発で5〜7回、中継ぎがひとりか2人で2〜3回、最終回に抑えというイメージです。先発には**「勝敗」**の記録がつくことが多く、そのほかの投手には「勝利に貢献した」記録として、中継ぎには**「ホールド」**、抑えには**「セーブ」**が与えられます。

セーブ獲得の条件

勝利した試合の最後に投げた投手に与えられるのがセーブ。以下の条件のうち、ひとつでも、あてはまればセーブがつく。

> **条件1** 点差に関係なく、試合の最後を3イニング以上投げ切った場合。
>
> **条件2** ランナーなし、3点リード以内の場面で登板し、1イニング以上投げ切った場合。
>
> **条件3** イニング数に関係なく、ランナーがいる場面で登板し、「走者」または「走者と対する打者（今から対戦する打者）」もしくは「走者と対する打者、次打者」が得点すれば、同点となる場面。
>
> **条件3** の例として、いちばん極端な状況を想定すると、5点リードで9回2アウト満塁の場面がある。これは走者3人、対する打者と次打者全員が得点すれば5点で同点になるので、抑えればセーブが与えられるのである。

POINT イニング途中で降板した場合の記載

試合に登板した投手の記録を簡潔に表すために、新聞や雑誌で「6回1/3で3失点」などという文章を見たことがあると思います。これは、7回の1アウトを取ったところで降板したという意味です。また、抑え投手が最終回2アウトの場面で登板して最後のアウトをとり、試合を終えたなら「0回1/3」と言うように表記します。

ホールド獲得の条件

中継ぎ投手の貢献度として、試合のリードを「保った」ときに与えられるのがホールド。条件を満たせば、勝敗に関わらず、両チームの該当者全員がホールドを獲得できることが特徴。

ナイスピッチ！

条件1	先発投手、勝利投手、敗戦投手、セーブ投手ではない。
条件2	最終回の3アウト目をとった投手ではない。
条件3	1アウト以上をとる。
条件4	走者を残してイニングの途中で降板したとき、その走者が同点または逆転の走者としてホームインしていない。

以上4つの条件をすべて満たした投手のうち、以下のいずれかの条件を満たした投手に与えられる。

▼

リードした状況で登板し、リードを保ったまま降板したABCいずれかの場合

- A 3点以内リードの場面で登板し、1イニング以上投げ切る。
- B 迎える2打者に連続本塁打を打たれたら同点または逆転される場面での登板。
- C 点差に関わりなく、リードした状況で3イニング以上投げ切る。

同点の場面で登板し、ABいずれかの条件を満たして降板した場合

- A 同点のまま、失点せずに降板する。
- B 登板中に自分のチームが勝ち越し、そのままリードを保って降板する。

Chapter 4 犠打と打点の記録

走者を先へ進めるという前提での記録

　野球は3つのアウトの間に4つ目の塁(本塁)に走者を進めて得点を得る競技です。そのため、自分がアウトになっても走者を先に進めるという考え方があります。それが**「犠打」**とよばれるプレーで、**送りバント**と**犠牲フライ**があります。自らはアウトにはなりますが、自分を犠牲にして「勝利に貢献」したプレーなので、**打数には含まれません**。

　また、走者を安打などの打撃で本塁へ返した場合などは、その打者に**「打点」**という記録がつきます。打点が多いということは、走者がいる場面で打つ確率が高いともいえ、「打率(→P133)」と並び**強打者のバロメーター**のひとつになります。

犠打(送りバント)

打者走者(バッターランナー)が一塁でアウトになっても、走者を進塁させる目的であると判断されるバントが送りバント。

野手の送球ミスなどで打者走者が生きた場合でも、犠打と失策という形で記録がつく。

POINT 犠打とセーフティバントの判断基準

自分が安打で出塁することを目的としたバントがセーフティバントですが、塁上に走者がいた場合、セーフティバントなのかどうかの判断基準は迷うところです。
この場合は、公式記録員の判断で犠打とならないことがありますが、基本的に塁上の

走者が進塁できていれば、ほとんどのケースで犠打と記録されます。
また、ノーアウト、一・二塁での送りバントで、二塁フォースアウト(結果的に一・三塁)になった場合、走者のひとりがアウトになっているので、犠打の記録はつきません。

犠打（犠牲フライ）

犠牲フライの基準は走者が得点した場合に限られるので、二塁走者がタッチアップで三塁に進塁しても犠打の記録はつかない。

フライによるタッチアップによって三塁走者が生還した場合、打者には犠打と打点が記録される。

打点

打点が記録されるのは、タイムリーヒットのときだけではなく、打撃ではない四死球や犠打のときなども含まれる。

打点がつくとき
- タイムリーヒット（安打）
- 犠打（スクイズや犠牲フライ）
- 内野ゴロの間の得点
- 野選（フィルダースチョイス）
- 四死球
- 打撃・走塁妨害

打点がつかないとき
- 失策（暴投や捕逸も含む）
- 併殺打の間の得点
- 振り逃げ出塁

POINT 進塁打のときの記録

1アウト二塁で、打者がバントの構えからヒッティングに切り替えて内野ゴロを打ち、一塁でアウトになる間に、二塁ランナーが三塁に進塁したようなケースがあります。この場合、打者は走者を進めることができたのですから、進塁打となりますが、犠打と明らかに違うのは、「自分が犠牲となる前提」で走者を進めたのではなく、あくまでも結果的に走者が進んだだけですので、犠打とはならず、打数に含まれます。

Chapter 5 勝率と打率の計算

野球は確率を重んじるスポーツ

　記録を整理していくとき、重要になるのが**確率を出す計算方法**です。特に野球は**「確率のスポーツ」**といわれるほど、あらゆる部門で「率」が大事にされています。1試合ごとに成績を振り返ることは大変重要ですが、それを1か月、1シーズンと総合的に判断するには、やはり、「率」で見ることがいちばんわかりやすいからです。

　「勝率」は、チームが何試合を行ってどれだけ勝つ確率があるかを数字で示すものです。プロ野球のように年間100試合を越えるようなリーグ戦では、最終的に勝率で順位を決定します。また**「打率」**とは、簡単にいえば、その打者がヒットを打つ確率がどれだけあるかを数字で表すことです。

野球は確率のスポーツ

野球は確率などのデータを重視するスポーツなので、ほかのスポーツ以上にミーティングが必要になる。レベルが高くなるほど、そのデータはプレーごとに細分化され、徹底して数値化される。

勝率の計算のしかた

勝率は勝ち数と負け数を使って計算する。引き分けは計算に組み込まれないことに注意。ちなみに、トーナメント試合は1試合ごとの「勝ち上がり制」だが、リーグ戦などは「勝率制」を採用している。

| 計算式 | 勝ち数 ÷（勝ち数＋負け数）＝ 勝率 |

 Aチーム
- 40試合（1シーズン）
- 28勝10敗　2引き分け

28勝÷（28勝＋10敗）＝ **0.7368**
小数点第4位を四捨五入して勝率は「7割3分7厘」になる。

打率の計算のしかた

打率は安打数と打数を使って計算する。打数とは、打席数から「四死球」「犠打」「妨害での出塁」を除いた数であることに注意する。

| 計算式 | 安打数÷打数＝打率 |

 A選手
- 150打席（1シーズン）
- 124打数38安打

38安打÷124打数＝ **0.3064…**
小数点第4位を四捨五入して打率は「3割6厘」になる。一般的に、シーズン通して打率3割を越えれば、一流といわれる。1試合に最低3回以上の打席が回ってくるので、かならず1回はヒットを打っている計算になる。

Chapter 6 長打率と出塁率の計算

選手の特徴を知る重要なデータ

データとしての**確率はあくまでも確率**で、それにしばられる必要はありません。ただし、確率を無視していては、**選手の特徴などを見過ごす**ことにもなります。

特に、ヒットや四死球などで次のバッターにつなげる確率である**「出塁率」**と、1安打あたりで長打になる確率を示した**「長打率」**は、専門誌以外ではあまり見ることがありませんが、打線を組むときなどに重要なデータになります。自分のチームの選手のこの2つの確率を確認してみましょう。意外と選手のイメージが変わるかもしれません。

出塁率の計算のしかた

出塁率は安打数と四死球、打席数を使って計算する。打席数とは、打数＋四死球＋犠打のこと。ヒットを打たなくても、しっかり四球を選べるような、出塁率が高い選手がいるチームは、相手チームにしぶといという印象を与える。

計算式　　（安打数＋四死球）÷打席数＝出塁率

例　**A選手**
- 20打席（1大会）
- 6安打、4四死球

→　（6安打＋4四死球）÷20打席数＝**0.5**

出塁率は「5割」になる。つまり2回に1回は、何らかの形で出塁して貢献していることになる。

長打率の計算のしかた

長打率は塁打数と打数を使って計算する。塁打数とは、ひとつの安打でどれだけの塁を奪うことができるかを数字で表すもの。単打は1、二塁打は2、三塁打は3、本塁打は4と計算する。

計算式　　**塁打数÷打数＝長打率**

 B選手
- 12打数5安打（1大会）
- 本塁打1本、二塁打1本、単打3本

→ 9塁打数（4+2+3）÷12打数＝**0.75**
長打率は「7割5分」となる。

打率は最高数値が10割（全打数で安打の場合）だが、長打率の最高数値は40割（全打数で本塁打の場合）になる。ただし、プロ野球の年間記録で長打率が8割を超えた選手はいない。

POINT 足の速さも関連する長打率

長打率は、内野安打や三塁打など、足の速さでいくらかはかせげる数値でもあり、これが高いからといって長距離砲を単純にイメージすることはできません。最近では、より詳細なデータを用いたセイバーメトリクス（→P138）の指標を使用することも多くなっています。

平均的な足の速さの選手の二塁打でも、足が速ければ三塁打になり、長打率がアップする。

PART 5 長打率と出塁率の計算

Chapter 7 防御率と守備率の計算

守りの強さを測るバロメーターになる

　スコアブックで計算する「率」の、守備面にも注目してみましょう。ピッチャーの能力を示す指標になる**「防御率」**と、野手の守備力を示す**「守備率」**です。

　「防御率」とは、投手が1試合（9回）を完投して平均で何点取られるかを表すものです。つまり、その**防御率の点数を上回る得点をこちらがあげれば、勝てる確率が高くなる**ということでもあります。

　また「守備率」とは、10回の守備機会があったとして、何回アウトにできるかの数値で、チーム全体で9割以上必要といわれます。ほかの「率」と違い、**守備率は限りなく10割に近いことが望まれるのです。**

防御率の計算のしかた

　一般的に、先発投手で防御率が3点前後ならば、試合を作れる投手ということになる。失点ではなく自責点を使って計算することに注意。失点と自責点の違いは「失点と自責点」（⇒P126）を参照のこと。

計算式	（自責点×9）÷投球回数＝防御率

 A選手
▶ 自責点19（1シーズン）
▶ 投球回数62回

 （19点×9）÷62回＝**2.758**

小数点第3位を四捨五入して「2.76」の防御率になる。つまり1試合9イニング完投した場合、3点は取られないピッチャーということになる。

守備率の計算のしかた

野手に守備機会があったときには、かならず刺殺、補殺、失策の3つのうちのどれかが記録されるので、その3つの数値を計算に使う。

刺殺

直接にアウトにしたときに記録される（飛球を捕球、送球を受けてアウトにしたときなど）。

補殺

間接的にアウトにしたときに記録される（送球したことでアウトにしたときなど）。

失策
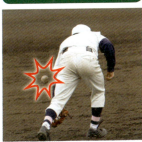
エラーをしたときに記録される（捕球エラーや送球エラーしたときなど）。

計算式 （刺殺数＋補殺数）÷（刺殺数＋補殺数＋失策）＝守備率

例

A選手
- 失策数9回（1シーズン）
- 刺殺数＋補殺数98回

98回÷（98＋9）
＝0.916（9割1分6厘）

B選手
- 失策数4回（1シーズン）
- 刺殺数＋補殺数28回

28回÷（28＋4）
＝0.875（8割7分5厘）

結果として、Aの選手の方がエラー数は多いが、確率的には安定した守備をしていることになる。

盗塁成功率とバント成功率

スコアブックで集計したデータを使えば、そのほかにもたくさんの「率」がはじき出せます。失敗と成功がわかれば、確率を計算するのは簡単なはずです。たとえば「盗塁成功率」は、足の速さ、盗塁のうまさなどを計る指標になりますし、「バント成功率」なども計算してみると、チームとして、選手としての目標設定がよりはっきりしてくるでしょう。

盗塁成功率

盗塁成功数÷（盗塁成功数＋失敗数）＝盗塁成功率

例）16回盗塁を試みて13回成功なら「13÷16＝0.8125（8割1分3厘）」の成功率になる。

バント成功率

バント成功数÷（バント成功数＋失敗数）＝バント成功率

例）8回バントを試みて7回成功なら「7÷8＝0.875（8割7分5厘）」の成功率になる。

Chapter 8 セイバーメトリクスで攻撃分析

セイバーメトリクスで野球を戦略する

セイバーメトリクスとは、あらゆるプレーを数値化して統計学的にまとめ、打率や防御率に代わって新しく考案した指標をもとに、**チーム経営や戦略を組む**ことをいいます。アメリカのビル・ジェームズという、本格的に野球を経験したことのない人物が提唱しました。

ただし、打者や投手のデータを100近い項目に細分化して数値化するなど、**専門の意識が必要な統計学**であるため、スコアブックの記録の範疇を越えるものが多いのも確かです。ここではまず**打撃**について、**基本情報のみで計算できてなおかつ有効な指標**をいくつか紹介します。

長打率に特化したIsoP

IsoPとはIsolated Power（長打分離）の略語。足の速さでもアップしてしまう長打率（P135）を、長打（二塁打以上）により特化した指標になる。

計算式　
長打率（塁打数÷打数）－打率＝IsoP

例　A選手
- 12打数3安打
  （打率2割5分）
- 本塁打1、二塁打1、単打1
- 長打率（→P135）0.583

0.583（7塁打数÷12打数）－0.25
＝**0.333（3割3分3厘）**

平均は1割3分程度といわれるので、かなりの長距離砲といえる。

POINT　0もありえるIsoP

1大会12打数5安打のうち、安打すべてが単打だとしたら、どうなるか。0.417（5÷12）－0.417＝0となり、長打を打つ確率は0だが、打率や出塁率は高いので1番バッターなどが適している選手などと考えることができる。

打者の得点貢献率がわかるOPS

OPSとはOn Base plus Slugging Percentage（得点貢献率）の略語。簡単に計算できる割に、得点との相関関係が非常に高いので、広く使用されている。

| 計算式 | 長打率＋出塁率＝OPS |

例

A選手
- 長打率（➡P135）0.52
- 出塁率（➡P134）0.23

0.52＋0.23＝**0.75**

B選手
- 長打率0.39
- 出塁率0.45

0.39＋0.45＝**0.84**

OPSの数値が出たら、下の表を見て、ランク分けをする。すると、長打率の高いA選手だが、「Dランク」となり、「Bランク」のB選手の方が得点貢献率が高いことがわかる。

ランク	評価	OPS
A	↑	0.9000以上
B		0.8334〜0.8999
C		0.7667〜0.8333
D	平均	0.7000〜0.7666
E		0.6334〜0.6999
F	↓	0.5667〜0.6333
G		0.5666以下

長打率が低くても得点貢献率の高い選手を見出すことができる。

スコアブック活用術

XRの計算の仕方

XRとはeXtrapolated Runs（得点推定能力）の略語。打撃のあらゆるプレーの数字を得点貢献度に換算して、その選手の得点を生み出す能力を評価する指標。1シーズンで計算して65という数字ならば、その選手は65得点をチームにもたらしたことになる。むずかしい計算式になるが、チャレンジしてみよう。

0.5×単打＋0.72×二塁打＋1.04×三塁打＋1.44×本塁打＋0.34×（四球＋死球－故意四球）＋0.25×故意四球＋0.18×盗塁－0.32×盗塁死 －0.09×（打数－安打－三振）－0.098×三振－0.37×併殺打＋0.37×犠飛＋0.04×犠打＝XR

単打1本打てば0.5ポイント入り、盗塁で失敗すれば－0.32ポイントなどと考えれば、あとはスコアブックから数字を抜き出して計算すればよい。

Chapter 9 セイバーメトリクスで投手分析

投手分析にも有効なセイバーメトリクス

　セイバーメトリクスは、**投手の指標**についても「**勝利数よりQS（クオリティスタート）**」を徹底的に重視するなど、従来の考えを根底からくつがえすものだっただけに、アメリカでも定着するまでに時間がかかりました。

　その後、いくつかの投手指標は日本でも定着し、報道などでも目にするようになりました。現在のセイバーメトリクスは、**弾道計測器**を駆使して、投手のボールを1球ごとに「**初速**」「**SPV（球速/回転数）**」を計測するなど進化していますが、本書ではスコアブックから拾える数値で計算できる指標をいくつか紹介します。

先発投手の能力がわかるQS

QSとはQuality Start（良好な先発）の略語。先発投手が6回以上投げ、かつ自責点3点以内におさえたときにつく指標。一般に1シーズンでQS率が60パーセントを越えれば、「安定して試合が作れる投手」とされる。

QSの条件
① 先発投手6回以上投球
② 自責点3点以内

例

A選手
▶ 9勝10敗（24試合）
▶ QS16回

16回÷24試合＝ **QS率0.6666**
（6割6分7厘）

B選手
▶ 14勝8敗（25試合）
▶ QS9回

9回÷25試合＝ **QS率0.36**
（3割6分）

勝利数だけ見ればB選手の方が良い先発投手に見えるが、B選手はQS率6割6分7厘と、3試合に2試合（A選手は3試合に1試合）は試合を作っているので、打線の援護がなかっただけといえる。たとえば、チームで先攻投手のメンバーを考える場合、このようなQS率を指標にして「試合を作れる投手」から選んでいくことができる。

1回あたりに許す走者数がわかるWHIP

WHIPとはWalks plus Hits per Inning Pitched（1回あたりに許す走者数）の略語。1回あたりに与四球と被安打を含め、何人のランナーを出すかを表す。数値が高くなるほど、毎回ランナーを背負う可能性が高くなるので、失点のリスクが大きい投手とみなされる。

計算式　（与四球＋被安打）÷投球回数＝WHIP

例 **A選手**
- 23回投球（4試合）
- 与四球8、被安打25

（8個＋25個）÷23回＝**1.43**

A選手は右の表を見ると、平均以下の「Eランク」の投手ということになる。

ランク	評価	WHIP
A		1.00以下
B		1.10
C		1.25
D	平均	1.32
E		1.40
F		1.50
G		1.60

三振奪取力と制球力がわかるK/BB

K／BBは三振のKと四球のBBを合わせた略語。四球1個を与えるまでに三振をいくつ取ったかを表す指標。三振と四球はチームの守備能力や運などに左右されないため、純粋に投手の能力や制球力を見ることができる。

計算式　奪三振数÷与四球＝K/BB

例 **A選手**
- 奪三振18回
- 四球4個

 18個÷4個＝**4.5**

B選手
- 奪三振25個
- 四球12個

 25個÷12個＝**2.08**

平均は2.70前後とされているので、A選手は制球力がよく三振でアウトが取れる投手と考えることができる。一方B選手は三振数は多いが、四球1個を与えるまで2人しか三振を取れないので制球力に難があることがわかる。

Chapter 10 インサイドワークを分析する

データをもとに各打者に対応する

　インサイドワークとは、データをもとに投手が投げるボールの球種やコース、組み立てなどを考える**配球術**です。最近ではアマチュア野球でも、スコアラーが相手チームの各打者の打席をビデオ撮影し、コースごとの打率などの計算・弱点の暴き出しなどに役立てています。

　精度の高い指標を出すには**たくさんのデータ収集が必要**ですし、あくまでも**確率論**にはなりますが、バッターの傾向を知ることで、投手が自信をもって投球するための後押しになることは間違いないでしょう。

各打者のデータを収集する

コースを9分割し、球種を記号化して記録していく。投手用9分割スコアブックも市販されているので、利用するのもひとつの方法だ。

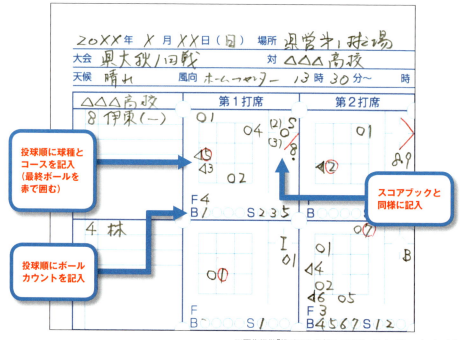

※画像提供『投手用9分割スコアブック』(エディットノート)

データの活用例

あるバッターのコース別の記録を1シーズン収集し、コースごとの結果、打率、三振数などを書きこんでいくと、その打者の傾向や弱点が見えてくる。

❶ 各コース別に記録を整理する

- 打席数−安打数
- 打率
- 三振の数

```
33-12
 .364
4三振
```

各コースのマス目に記入する

ヒットやアウトなど、そのバッターの打席の最終ボールとなったコースに記録する。左は、このコースへのボールが最後になったのが33回で12回ヒット（打率3割6分4厘）で、三振数4回を表す。

❷ その打者の傾向や弱点を分析する

〈A選手の場合〉

1-0 .000 0三振	5-1 .200 1三振	10-1 .100 1三振	3-2 .667 1三振	2-2 1.000 0三振
5-2 .400 1三振	33-12 .364 4三振	28-7 .250 1三振	25-2 .080 6三振	3-0 .000 1三振
6-2 .333 1三振	78-27 .346 7三振	34-12 .353 1三振	26-7 .269 3三振	1-0 .000 0三振
7-1 .143 2三振	50-11 .220 8三振	32-10 .313 3三振	21-7 .333 5三振	4-1 .250 2三振
5-0 .000 3三振	29-6 .207 5三振	19-6 .316 4三振	7-3 .429 2三振	3-0 .000 3三振

内角高め（インハイ）とひとつ内側が弱いが、その上の釣り球になるボールには強いので注意が必要。

外角低め（アウトロー）が弱いので、そのコース周辺に逃げる、もしくは落ちるボールを決め球として選ぶ。

著者 手束 仁（てづか じん）

國學院大学卒業後、映画会社、編集プロダクションを経て、メディアミックスの株式会社ジャスト・プランニングを設立。高校野球などスポーツ関連の著書も多く、これまで4000試合以上のスコアをつけてきた。主な著書としては『ああ栄冠は君の輝き～全国高校野球大会歌誕生秘話』（双葉社）、『日本体育大学の底力』『高校野球マネー事情』（いずれも日刊スポーツ出版社）、『野球「県民性」』（祥伝社）、『プロ野球「名采配」読本』（イースト・プレス）、『甲子園を狙える高校ガイド』（廣済堂出版）、『高校野球ユニフォームセレクション』（洋泉社）などがある。「高校生新聞」や「ベースボールドットコム」の特派記者としても活動。

撮影協力	日本大学第二高等学校 硬式野球部
	日本大学高等学校 硬式野球部
スチール撮影	富士渓和春
イラスト	内山弘隆
デザイン・DTP	鎌田優樹 中村理恵 中川智貴（スタジオダンク）
編集協力	関根 淳（SOLONGO企画）
取材協力	日本野球機構
写真提供	アフロ、時事、EPA＝時事、ベースボールマガジン社、Getty Images

※本書は、当社ロングセラー『カラー版 一番よくわかる野球スコア つけ方と分析』（2009年10月発行）を再編集し、書名・価格等を変更したものです。

決定版 一番よくわかる
野球スコアのつけ方 オールカラー

著 者	手束 仁
発行者	若松和紀
発行所	株式会社 西東社
	〒113-0034　東京都文京区湯島2-3-13
	https://www.seitosha.co.jp/
	電話 03-5800-3120（代）

※本書に記載のない内容のご質問や著者等の連絡先につきましては、お答えできかねます。

落丁・乱丁本は、小社「営業」宛にご送付ください。送料小社負担にてお取り替えいたします。
本書の内容の一部あるいは全部を無断で複製（コピー・データファイル化すること）、転載（ウェブサイト・ブログ等の電子メディアも含む）することは、法律で認められた場合を除き、著作者及び出版社の権利を侵害することになります。代行業者等の第三者に依頼して本書を電子データ化することも認められておりません。

ISBN 978-4-7916-2710-3